Mujer sin barreras

Lupita Parra

Mujer sin barreras

Primera edición: 2024

ISBN: 9788410410008
ISBN eBook: 9788410334977

© del texto:
  Lupita Parra

© del diseño de esta edición:
  Caligrama, 2024
  www.caligramaeditorial.com
  info@caligramaeditorial.com

Impreso en España – Printed in Spain

Cuando niña y adolescente,
mi madre me dijo muchas veces:
«Lupita, la vida no es color de rosa».
Hoy que soy una mujer,
con todo el aprendizaje que he tenido hasta ahora,
me doy cuenta de que la vida es del color que uno quiere.
De ese tu color favorito, solo que nosotros mismos nos la
oscurecemoscon dudas que nos
vamos haciendo en el transcurso.
Para mí la vida es color de rosa
porque por algún azar del destino el rosa
se convirtió en mi color favorito.

Con todo el amor de mi corazón a mi madre, Norma,
mi abuela Zoila, mi abuela Amparo.
Gracias por ser la fuente de mi vida.

Un escrito de mis pasos en esta vida
de la inconsciencia a la conciencia,
del odio al amor.
De mi vida para tu vida,
de mi inspiración a tu corazón,
desde mi alma hasta tu camino por esta vida.
De mi razón a tu interpretación;
de mis noches largas a tus días, tardes o madrugadas;
de algunas de mis lágrimas, directo a tu emoción.

Deseo inspirarte,
deseo que te ames,
deseo que te conectes a tu realidad, a tu vida.

Lupita, estoy enganchada con tu libro. En muchas cosas me identifico contigo; qué gran mujer eres, mi plena admiración. Qué hermoso poder compartir una parte de ti para enriquecer a otras mujeres que pasamos dificultades en la vida. Gracias por compartirlo. Lo sigo leyendo, a lo que lleve en este día, me hizo reforzar la gratitud ante todo lo que uno vive. En este momento, estoy abrazando mi historia con mi expareja para soltarlo y cerrar este capítulo de mi vida y estar fuerte para iniciar el otro con mejores decisiones y siendo una mujer sin barreras. Gracias. Mira, escribí esto para soltarlo de una manera energética para continuar.

WENDY

«A ti, mujer»

Mujer, eres el libro que siempre has querido leer.
Eres las canciones que cantas con furor.
Eres un mundo de sueños que tienes en la cabeza.
Eres el llanto que a solas sollozas de cansancio.
Eres la luz al final de un túnel.
Eres esas palabras que te has tragado por miedo al qué dirán.
Eres esa que canta en la ducha.
Eres la que come aprisa.
Eres el deseo bajo tus sombras.
Eres el amor que anhelas encontrar.
Todo lo que *tú* deseas eso eres.
Eres tú misma en tu ser mismo,
con tu luz tal vez apagada, a veces encendida.
Eres tú viviendo.
Eres tú vibrando.
Eres tú anhelando una vida sin más heridas, sin rencores, sin
tristeza.
Eres la fuente de tu vida,
la que despierta por las mañanas sin ganas,
pero una vez que se para va por lo que sueña,
por lo que anhela.
Mujer, eres tú con tu Dios interior.

Introducción

En este libro hablo sobre inteligencia emocional.

En donde el lector comprenderá que cada persona, según su personalidad, toma el conocimiento para aprender y para crecer emocionalmente.

Aquí se plasman herramientas que puedes utilizar para mejorar tu persona.

Es mi historia abierta al mundo, en especial a las mujeres, para que abran su mente a sí mismas y puedan rescatar sus partes olvidadas, sus sueños marchitos y encender su alma.

Haz de tu vida tu mejor versión.

Este libro es mi historia, mi camino recorriendo por varios lugares y teorías, aprendizajes vividos y recopilación de notas, de escritos que guardaba en mis diarios de aprendizaje y pensamientos que en algún momento llegaban a mí y sin pensarlo los escribía. Yo los llamo señales que me ha ido dando la vida.

Son el recuento del aprendizaje que me fue llevando a una de las etapas más importantes de mi vida, mi etapa de reencuentro conmigo; la etapa de madurez, de compasión y de amor por mí misma. La ventana del aprendizaje humano, que una vez que se abre ya no volverá a cerrarse jamás, un abrir tus ojos a otro mundo.

Una mañana, mientras leía estas notas, me di cuenta de que esa secuencia de aprendizajes plasmados en esos escritos me había llevado de un punto de mi vida a otro punto muy lejano de donde estaba parada y me sorprendió tanto darme cuenta de que cualquier ser humano puede empezar a cambiar su realidad. Y al ver el poder que una mujer sin barreras es capaz de generar para su propio bien anhelé compartirlo de inmediato con otros seres humanos, pero especialmente con otras mujeres.

¡Una mujer sin barreras es una mujer libre!

Traté y traté por mucho tiempo de darle pies y cabeza a este libro. Sin embargo, así tal cual se fueron dictando sus líneas, con esa sensación y ese sentimiento que yo tenía, porque cada día que pasa me doy cuenta de que la vida es ahora, los problemas se solucionan ahora. Si tienes ganas de decir algo es ahora, si quieres abrazar es ahora. Por eso este libro se escribió así, en el ahora.

Si llego a ti ahora es porque es tu momento, no es tarde. Las cosas y las personas nunca llegan tarde. Llegamos en el momento justo que necesitamos aprender algo de alguna situación o persona, pero nunca es demasiado tarde.

> Me gustan las personas que saben ver con los ojos del alma.
> No es la mirada física esa que te envuelve en una conversación mágica y sanadora;
> es quien sabe verte antes de tu cuerpo, antes de tu cabello, antes de la belleza física.
> Es como llegar a una galería de arte y pararte frente a una pintura de un paisaje.
> *¿Qué hay dentro de ese hermoso paisaje?*
> *¿Puedes ver más allá de la pintura?*
> *¿Cómo* fue su proceso?

Cada pincelazo lo hizo y conformó maravillosamente en una hermosa obra de arte.

Tú eres una obra de arte, yo soy una obra de arte, todos los seres humanos somos una pintura única que se va plasmando pincelazo tras pincelazo.

Barrera del espejo

Solo hay una cosa que nos puede salvar de nuestro sufrimiento y somos nosotros mismos.

Mirna

El día que me encontré a mí misma encontré en mí un poco de Dios.

Encontré autocompasión.

Entendí que no debo castigarme o juzgarme por ningún motivo.

Escribí mi vida y mi historia, enlisté mis creencias más arraigadas, esas que en este libro las llamo barreras, y cuando tomé la decisión de abrazar esa historia que es parte de mí para después soltarla y dejarla en el pasado empezó a cambiar mi vida y solo así consigo día con día amarme y amar a las personas que me rodean y no hablo de solo familia. Hablo de las personas que caminan en la calle, de esas que necesitan mi sonrisa o mis buenos días; algunas, una moneda; otras, un poco de mi comida; otras, solo mi escucha.

También encontré en mí un equilibrio que día con día trato de controlar.

Intento aprender de mis hijos esa mirada inocente que no hiere y no lastima a nadie. Intento amar con esa fuerza con la que nos ama Dios y en el intento es maravillosamente sorprendente cómo descubro cosas que en mí no conocía.

Nos enseñaron a hacer muchas cosas en nuestra infancia, como comer, hablar, caminar, lavarte los dientes, ser amables, ir a la escuela, etc. Pero, dime, ¿alguna vez alguien te enseñó a desafiar tus barreras?

Llamo barreras a esas creencias que nos vamos haciendo sobre una situación, sobre un comentario o, simplemente, sobre nosotros mismos.

¿Alguna vez pensaste que eras una tonta porque no contestaste correctamente al profesor?, ¿los resultados de tus notas no fue lo que esperabas?, ¿sentiste que decepcionaste a tus padres?

Lo sé porque me sentía decepcionada de mí misma y en muchas ocasiones me repetía y repetía cada que algo me salía mal, con esa voz en mi cabeza: «Soy una tonta».

Exacto, solo sabemos hacernos creencias que nadie nunca nos enseñó a desafiar.

Cuando yo llegué a este punto de identificar cómo desafiar mis creencias, ya estaba al fondo, muy a profundidad, reconociendo claramente lo que me pasaba. Identificaba la tristeza, la cual venía acompañada de llanto y con un cuerpo tirado en la cama sintiendo un vacío en el estómago. Sabía que mi vida no era lo que yo quería, mas no sabía cómo desafiar en mí misma estos sentimientos, esas creencias que me había acostumbrado toda mi vida a recalcarme a mí misma a reprocharme lo que hacía mal, porque nadie me había enseñado lo contrario: a ver en mí lo bueno, a descubrir la magia que hay en mí, y solo me preguntaba «¿por qué soy así?».

Las barreras son capas que vamos poniendo los seres humanos para protegernos del dolor, para evitar volver a ser lastimados.

En una ocasión, publiqué una frase en mis redes sociales. Dice así: «Pensaba que lo peor de la vida era terminar sola, ¡me equivoqué! Lo peor de la vida es continuar una vida con alguien que te hace sentir sola». Hubo varios comentarios ahí, pero uno en específico llamó mi atención. Decía: «Cómo quisiera que mi mamá hubiera pensado de esa manera hace años».

Y yo me quedé por varios minutos analizando: ¿qué es lo que nos impide avanzar ante el dolor?

Y a la conclusión a la que llegué fue que son nuestras propias barreras-creencias las que nos impiden avanzar en nuestra vida, el miedo que nos paraliza.

Pero después de esas barreras, que son nuestras maneras, actitudes, formas de ser y actuar que tenemos como seres humanos y que no nos funcionan, empieza el camino del aprendizaje, un gran viaje que es personal y para atravesar por ahí lo primero es «acepto quién soy».

He sido hiriente, he sido grosera, he sido desconsiderada, he sido malagradecida, he sido rebelde, he sido imprudente. He dicho palabras hirientes a mis seres queridos.

Después, identifico que estas son mis barreras y que estas barreras o creencias son las que no me están permitiendo avanzar en mi vida. Son ideologías que me atan a lugares o personas, a pensamientos negativos que tengo.

Mis barreras:
Barrera de despersonalización
Barrera de así soy y qué
Estado de autoaceptación
Barrera de falta de comunicación
Barrera de dependencia

¿Y qué es lo que nos impide desafiar nuestras barreras y poder arrancarlas de raíz como maleza de nuestra vida?

Es el miedo a nosotros mismos, es el miedo al dolor, es el miedo de sufrir al conocer nuestros más íntimos deseos y sentimientos; porque esto es un enfrentamiento con la persona más importante de tu vida: tú mismo con tus creencias más arraigadas. Y claro que inconscientemente lo vamos a evitar porque no es fácil ponerte cara a cara con tu niña, con tu adolescente, con la jovencita, con la madre novata, que cometieron errores, pero que soñaron con ser alguien, con hacer algo.

Y es por causa de ese miedo que nos paralizamos y actuamos inconscientemente en la vida.

Inconscientemente es sin hacernos responsables de lo que nos corresponde ante una situación y por eso vamos de trabajo en trabajo, de pareja en pareja, de pleito en pleito con padres y hermanos y muchas veces culpamos a Dios y a los demás de que la vida es injusta para nosotros, pero, yo te lo digo, no es injusta la vida. Tú has sido injusta contigo misma todo este tiempo por no darte el tiempo para ti de abrir tu mente a ti misma, no a lo que yo pienso, ni a lo que dice este libro, ni a lo que tu familia o tu esposo piensa de ti. No le has sido fiel a la persona más importante, que eres tú misma.

Es por ello por lo que la primera barrera que tenemos los seres humanos yo la llamo el espejo. Es verme y reconocerme, es aceptarme.

Barrera de despersonalización

Cada paso de autorreconocimiento hacia mi persona me ha hecho amarme más de lo que imaginé.

Mirna

La despersonalización es cuando no te conoces a ti mismo, estar en desconexión de tu ser y no saber quién eres o qué sientes. Y lo contrario de ello es autorreconocerte, es aceptarte, es verte desde dentro, sentarte a respirar y a sentir cómo late tu corazón, qué te pide tu intuición, callando a la voz de tu mente, sintiendo el llanto, asombrada por lo que estás conociendo de ti, amando cada centímetro de tu cuerpo y de tu piel.

Una tarde triste como muchas otras, entre llantos de bebés y el humo del tabaco que «calmaba mi ansiedad, lágrimas y desesperación» mientras los niños tomaban su siesta:

Me siento tan sola.
Soledad, triste soledad,

llegas a arrasar lo que hay a tu paso y te vas.

Me dejas sola sin tu triste y melancólica compañía;

me acostumbras a tu silencio, a tu calma;

me despojas de mis sueños y cada día así voy a la cama.

Pensaba en ti, soledad, y en tus momentos que me dan tanta calma.

Eres cautelosa, eres silenciosa y sollozante.

Eres, a veces, tierna; eres una amada amante,

que se aferra a mí turbia e incesante.

Recuerdo de ese día una llamada. Recuerdo el viento en la cochera de esa casa, estaba ahí sentada pensando en ellos. Los bebés que estaban dentro de mi casa y pensaba en mí, en nuestro destino o nuestro futuro. Pensaba: «Ellos no merecen una madre con estos sentimientos; con pensamientos de enojo, desesperación; abrumada, estresada».

—Hola. ¿Cómo estás? —contestó ella.

—Mal, estoy mal, muy mal. Ya no puedo más, ven a verme. Invítame a tus cursos esos que tanto has querido que vaya, pero si no me dices qué hacer me voy a volver loca, me voy a echar las faldas a la cabeza y voy a salir corriendo.

—Ay, mija, espérame y no te preocupes. Tranquilízate, tienes a tus niños.

—Mira, deja, hablo ahorita para preguntar cuándo es el taller y te regreso la llamada, ¿va?

Mi amiga Nancy me llevó a talleres de *coaching* y ahí empezó todo. Empiezo a desafiar la primera barrera de autoconocimiento de mí misma.

Y ahí estaba yo, escuchándolo hablar y hablar sobre tantas cosas, herramientas de vida, distinciones las llamaba él, pero yo las sentía como cubetadas de agua fría que me caían y caían lentamente, como si el tiempo estuviera en cámara lenta y mi cuerpo paralizado solo sintiera el frío.

Entonces mi mente estaba dando un giro de muchos grados —ni sé de cuántos—. Conforme pasaban las horas y los días del taller, yo fui sintiendo cómo desaparecía el frío que sentía y llegaba a mí la calidez del sol, así como ir abriendo una ventana poco a poquito, una ventana en mi mente que se abrió para nunca más volverse a cerrar.

Si tú estás bien contigo misma, las personas a tu alrededor estarán bien. Eso dijo el *coach* y yo lloré porque yo me sentía mal.

Es la búsqueda propia. Tienes que buscar en tu interior y con ello debemos darnos la oportunidad de sentir, de cuestionar por qué y de dónde viene y empezar a profundizar en nuestro mundo interpretativo (es lo que piensas) y emocional (lo que sientes).

Y esta fue mi búsqueda. Millones de preguntas llegando a mí, siendo respondidas todas por mí, después analizadas por mí y gestionadas por mí.

La pregunta «¿quién soy?, ¿quién he sido todos estos años?». Esa simple pregunta me explotaba en la cabeza.

La búsqueda: yo me sentía en un estado de gravedad donde sentía que ya no podía más y busqué ayuda.

Pueden llegar muchas personas a tu vida a ofrecerte esa ayuda, pero debemos abrir nuestros ojos y aceptarla. Desde mi punto de vista, ese es el primer gran paso: pedir y aceptar la ayuda.

Y la respuesta, eso es lo más bonito, un regalo que te vas a dar sinceramente. Eso fue lo que a mí me abrió a la conciencia, mi respuesta de «¿por qué vine aquí?, ¿por qué pedí esta ayuda?, ¿por qué necesito esta ayuda?».

¿Recuerdas que en el capítulo anterior hablaba sobre mis barreras?

Lo que sigue es analizar y gestionar esas barreras, porque todo pensamiento genera una emoción y las emociones generan una reacción. Es por ello por lo que reaccionamos ante cómo nos sentimos. Por ejemplo, yo estaba celosa, frustrada y sentirme así me generaba reaccionar enojada, con mucha rabia y por eso peleaba con quien se me atravesara enfrente.

Entonces, ve cómo toda emoción genera una reacción, pero empecemos por conocer nuestra coherencia.

Coherencia del ser humano

Aquí te hablaré un poco sobre nuestra coherencia dinámica.

La coherencia es lo que compone nuestro ser. Somos una mezcla perfecta de nuestras emociones (lo que sentimos), nuestro lenguaje (lo que expresamos) y, derivado de ello, (cómo reaccionamos) nuestro cuerpo. Y eso compone nuestro ser.

Si yo me empiezo a sentir eufórica porque llegué al concierto de mi artista favorito, empiezo a cantar y a bailar, porque esa emoción mueve mi lenguaje y mi cuerpo.

Si estoy triste en un funeral y empiezo a pensar en los momentos con la persona fallecida, lo que pienso es mi lenguaje porque me estoy diciendo cosas, paisajes en mi mente y mi cuerpo va a estar encogido, acongojado derivado a mi sentir.

Y así puedes hacer muchas conjugaciones de tu coherencia con distintas emociones y te vas a dar cuenta de cómo si cambias tu emoción cambias todo tu ser.

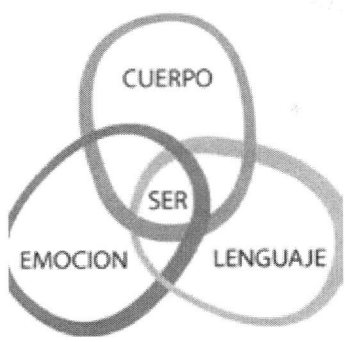

«Expande tu mente y expandirás el mundo. Expande tu cuerpo y expandirás tu poder» (Nancy Diana).

Una base muy importante para poder llegar a conocerme a mí misma fue el autoconocimiento. Asistí a un programa de formación de *coaching*, en donde pude reforzar información y, sobre todo, conocer mucho más a profundidad sobre el ser.

Estaba nerviosa y ansiosa por asistir a este programa. Se había convertido en una meta que quería alcanzar y ahí estaba yo haciéndolo realidad.

Llegar el primer día y empezar a escuchar el tema sobre mis emociones, porque yo no conocía mi mundo emocional, no sabía darle un nombre a lo que sentía. Y ese primer día escribí esto:

Esta curiosidad de querer saber quién soy y saber un poco más de lo que siento.

Eso que me mueve y genera en mí una revolución de mariposas en el estómago.

Lo que me tiene ahora en este lugar es una magia, es un placer.

Son las ansias de por fin empezar a conocer un poquito sobre lo que hay más allá de mí, de mis límites, de mis conocimientos, de lo que hay más allá de mis creencias y de todo lo que hasta el momento conozco sobre mí.

Es como estar uniendo cada pieza de mi propio rompecabezas.

Es sentirme en paz en mí, es regalarme amor a mí.

Aquí vas a leer muchas frases y palabras que emplearon muchas personas, en su mayoría *coaches* integrales, que influyeron en mi formación como el ser humano que soy del 2017 al presente. Y aclaro: este no es un libro de *coaching,* simplemente el lenguaje aquí empleado es lo que conozco como medio para comunicarme asertivamente contigo en las siguientes páginas de este libro.

Barrera así soy y qué

Si no puedes cambiar la situación, cambia **tú** hacia la situación.

Mirna

El «así soy» nos abre o cierra posibilidades, porque las frases que nos estamos diciendo a nosotros mismos diariamente son declaraciones que atraemos a nuestra vida.

El así soy que cierra posibilidades es la principal causa de los acontecimientos que no nos funcionan en la vida, que nos hacen sufrir. Por ejemplo, cuando tienes un conflicto con alguien y te señala las formas de ser que no te funcionan: «eres un desordenado», y respondemos «así soy, ¿y qué?», nos estamos cerrando a la posibilidad de transformación y aprendizaje en la vida en esos aspectos limitantes. Nos programamos a esas maneras de ser que no nos funcionan.

Conforme vamos creciendo, nos vamos rodeando de todo este tipo de frases que son creencias limitantes: «así soy», «así son las cosas», «no puedo cambiar», «las cosas no pueden cambiar», y es totalmente falso. Claro que podemos cambiar, claro que podemos cambiar esas creencias limitantes porque somos seres humanos interpretativos. Podemos cambiar nuestra interpretación y con ello podemos cambiar nuestra realidad.

Lo primero que hay que entender es que cada ser humano forma sus interpretaciones con una base que es su historia, el lugar donde creció, la escuela, sus amistades, su religión, sus experiencias, etc.

Me vale todo y todos, si soy grosera con mis padres, ellos tienen la culpa, así me educaron. Si soy hiriente, digo la verdad a la cara, soy real. Si grito, si soy celosa, así soy y qué, qué les importa mi vida. Deja de criticarme, de decirme lo que ves mal en mí, mira la viga en tu ojo antes que la mía. Al que no le guste que se largue. Altanera, preciosa y orgullosa; si te lo tengo que pedir, ya no lo quiero.

Esa era yo, la triste, la llena de rabia, de dolor, de rencor, de barreras, máscaras que no me permitían ver ni un milímetro más allá de mi realidad.

Yo interpretaba que yo tenía la razón en todo, pero ¿qué pasa? Estaba cerrada en mi mundo de interpretaciones.

Por ejemplo, tengo esta anécdota que, aparte, me encanta porque cada que la recuerdo me muero de risa.

En una ocasión, fui al cine con una de mis amigas de la universidad. Salimos temprano de una clase y decidimos ver una película que tenía garantía del cine al que iríamos, así que llegamos, compramos nuestros boletos, respectivos *snacks,* y entramos a la sala. Ya estando ahí, empieza la película y corren los primeros diez minutos y ella y yo estábamos totalmente sin decir palabra. Pasan otros diez minutos y ella me dice:

—¿Te está gustando la película?

—No —le contesté.

—Salgamos de la sala —dijo ella.

—Esperemos un poco más, chance y se acomoda.

La película era de humor negro, sarcasmo; otros espectadores en la sala soltaban carcajadas, pero ella y yo no.

Ahora me doy cuenta de que una película que para mí es de muy mal gusto, para otras personas es muy chistosa. Sucede que en este caso mis creencias y las de mi amiga son totalmente en contra del humor negro al que se refería la película y no por eso las demás personas se iban a dejar de reír. Lo que para nosotras estaba siendo una falta de respeto en la película a ellos les parecía tan gracioso.

Lo que ahora me causa gracia al recordar es a nosotras dos totalmente sacadas de onda en esa sala como bichos raros y salir de ahí pasmadas con cara de «¿*qué pasó ahí?*».

¿Qué te quiero decir con esto? Somos seres humanos pastibles, nuestros comportamientos pueden cambiar porque lo que produce nuestro comportamiento son nuestros pensamientos y nuestra mente tiene una y mil maneras de aprender y desaprender también.

¿Sabes cuál es el órgano de nuestro cuerpo con mayor capacidad plástica?

El cerebro. Significa que tenemos la capacidad cerebral de reinventar nuestros pensamientos de una y mil maneras.

> La plasticidad cerebral se refiere a la capacidad del sistema nervioso para cambiar su estructura y su funcionamiento a lo largo de su vida, como reacción a la diversidad del entorno. Aunque este término se utiliza hoy día en psicología y neurociencia, no es fácil de definir. Se utiliza para referirse a los cambios que se dan a diferentes niveles en el sistema nervioso: estructuras moleculares, cambios en la expresión genética y comportamiento.[1]

---

[1]   Definición tomada de Kolb, B., Mohamed, A. y Gibb, R. (2010). La búsqueda de los factores que subyacen a la plasticidad cerebral en el cerebro normal y en el dañado. *Revista de Trastornos de la Comunicación.*

¿Qué nos pasa? Que no nos conocemos, no nos enseñaron a conocernos y hablo por mí. Yo no me conocía, no conocía la característica de plasticidad que es la capacidad de transformarme. En este caso, cambiar mis creencias para así poder abrirme al mundo, a no juzgar solo porque yo no pienso de la misma manera que los demás.

Simplemente, a lo largo de mi vida me fui creando una burbuja donde solo cabía yo; donde cabían mis creencias, mis heridas y mis cicatrices; donde cabían mis ansias de gritar y a veces solo desaparecer del mapa, donde tomaba decisiones de las que después me arrepentía, donde me peleaba con medio mundo y donde yo era la perfección andante. Nadie podía decirme un error, una corrección o un simple consejo.

Fue cuando empecé a desafiar mis barreras y creencias que empecé a expandir mis pensamientos, aceptarme y, con ello, aceptar que cada ser humano es tan distinto a mí y eso les da la capacidad de no pensar como yo pienso, así que eso me indicaba que estaba equivocada a siempre creer que solo yo tengo la razón, sino que todos tenemos nuestra propia razón.

Entender esto para mí fue muy importante porque el entender que no tengo la razón y aceptar la de los demás me llevó a una serie de toma de decisiones muy importantes en mi vida, pues aceptar esto es darte cuenta de que no puedes cambiar a los demás. Y al lanzar mis monedas al aire decidí que también como persona yo tenía mis límites.

Hasta aquí quiero recalcar algo muy importante. Yo renuncié, me fui y me alejé de personas que en ese momento de mi vida sentía que no me estaba haciendo bien relacionarme, pero te lo digo, no se trata de renunciar. Se trata de que al leer este libro encuentres la manera. Sí, estás a tiempo de aprender y de no renunciar a la pareja, a la familia, a los problemas. Se trata de ti, se trata de que tomes estas herramientas para crecer y florecer en tus relaciones.

En esta etapa de mi vida, de confusión, de mucha desesperación e ira, empecé a soltar la creencia de que idealizaba la idea del matrimonio, porque creía firmemente que envejecería con el hombre con el que me casé por la Iglesia.

Y yo sabía que si no desafiaba esa creencia solamente sufriría.

Aceptando las piedras en el camino, lo que sientes, lo que duele.

Aceptando mi historia como el pasado que es y honrando lo bonito, agradeciendo y soltando lo malo. Le doy la bienvenida al futuro que día a día estoy creando para mí.

No somos culpables de los actos de los demás, aunque nos afecten directa o indirectamente, aunque nos hieran y nos hagan sentir tristes. Pero sí somos responsables de las decisiones y acciones que nosotros mismos tomamos y que pueden llegar a herir o, de lo contrario, a enseñar a vivir y a inspirar a otros seres humanos.

Yo no sabía que estaba escribiendo un libro de mi vida. Es la parte de intimidad conmigo misma, donde empecé a expresar mis emociones en forma de versos que riman, en la forma en cómo me sentía, solo escribía.

Llega la lluvia y se va,
llegas tú y te vas.
Llega la noche y el día se va
y no queda ni rastro de lo que hubo ahí, de lo que pasó.
Llego yo, llegas tú y todo se acaba,
se esfuma, te vas.
Te vas con tu amor que un día juraste,
con tus escasas palabras,
con tus frías caricias que no hay ya,

con tu silencio,

con tu desprecio te vas y no me queda nada más.

¿Qué extraño más? ¿Extraño tu desprecio?

Es lo que he sentido,

me mostrabas tu rechazo,

en culpa, que me ha causado preocupación, angustia.

Muchas noches me preguntaba:

¿qué estoy haciendo mal?

Ya no me quiere, no me ama, no me desea,

¿qué puedo hacer más?

No quiero rogarte, no quiero pedirte,

pero tampoco quiero perderte.

Me gustaba tu calor, tu compañía, tus besos,

hasta tu mirada fría.

Me gustaba tu presencia,

que con los días, con los años,

se fue yendo poco a poco y cada día.

—Y es que ya no sé qué más hacer. He hablado muchas veces con Ricardo, trato de comunicarle cómo estoy, cómo me siento.

—¿Ya tomó el taller de *coaching*?

—Ya y también tomamos terapia de pareja. Te juro que siento que hablo y hablo y solo estoy en un bote remando a contracorriente. La situación cada día es peor.

—Ay, no sé qué decirte. Definitivamente, algo está muy mal, porque todo lo que me cuentas de cómo se la están llevando, con la ayuda profesional la relación debería mejorar.

—Te digo que ya estoy tan desesperada de luchar a contracorriente y ya lo decidí, le voy a pedir que se vaya de la casa y a ver qué pasa.

—Ay, amiga, ya sabes que siempre vas a contar conmigo.

—Gracias.

Y ahí me encontraba en mi habitación, después de una larga plática con una de mis amigas. Inundada de impotencia de no poder hacer cambiar a Ricardo de opinión.

Las decisiones nos cambian la vida. Definitivamente, nosotros mismos cambiamos nuestra vida, elegimos caminos, cambiamos el rumbo, damos un giro.

Estoy desesperada, amargada y desilusionada.

Esperando, te esperaba
con las garras afiladas y deseándote cada noche iba a la cama
a soñar con los pedazos que quedaban de mi alma,
con los recuerdos, con las ganas de tenerte a mi lado.
Cómo algunas veces te amaba, otras te deseaba, también te odiaba.
Odiaba más tu presencia tan fría y callada, odiaba mi amor por ti,
mi sentimiento.
Odiaba mis propias alas, mi brillo, mi luz apagada.

Ricardo, el hombre con el que me casé hace seis años, el padre de mis hijos, con quien desde hace tiempo no hacemos más que pelear por cualquier cosa.

Sinceramente, tenía tanto miedo y después la creencia de que el matrimonio es para toda la vida, pero también me sentía muy desilusionada y contrariada porque desde hace un muy buen tiempo su presencia me hacía sentir más sola que estando sola. Ninguno de los dos preguntaba cómo estás, cómo te va, qué quieres, cómo te sientes. No conversábamos; solo veíamos lo mal que el otro hacía para juzgar, reprochar y reclamar.

Duele el silencio, duele tu indiferencia, pero ¿sabes qué duele *más*?

Tus ganas de no hacer nada,
tus ganas de no luchar por esto que se rompió,
tu descortesía de ver algo que se rompió con tu ayuda

y no querer poner de tu parte para reconstruir con amor y con paciencia
una a una cada pieza, cada milímetro de esta relación.
No te preocupes,
algún día la herida sanará
y yo tardaré más en reconstruirme sola que con tu ayuda,
pero cuando lo logre no vengas, porfa.

—*Oye, Ricardo, los niños y yo estamos todo el día en la casa, solo salimos al parque de aquí mismo. Tú y yo tampoco compartimos tiempo de pareja y nuestra comunicación es muy escasa, más de lo normal.* Necesitamos un tiempo a solas tú y yo. Hay que elegir un día de pareja y también un día familiar y fuera de eso tú sigue con tus actividades y yo con las mías.

—OK.

—¿Solo eso me vas a contestar?, ¿es en serio, Ricardo? ¡No estás! ¡Te necesito yo, te necesitan ellos!

—¿Qué quieres que te diga? Yo tengo mis problemas, mi trabajo, mis ocupaciones. Tienes tu carro, tienes dinero en las tarjetas. Vete a la plaza, con tus amigas, pasea a los niños y déjame en paz con mis problemas.

—Acuérdate de lo que nos dijeron en la terapia: necesitamos tiempo juntos.

—La terapia y tus tallercitos no sirven para nada.

Entonces empecé a callar y comencé a irme.
Me cansé de pelear y de rogar por un cariño que claramente ya no existía.
Cuando sentí tu frío sobre mí, yo te lo dije,
te pregunté a diario y a cada noche si pasaba algo,
pero callaste.
Te ibas a trabajar y luego te alejabas de una forma tan rápida,

pero no cuando te ibas,

sino cuando llegabas a casa.

Tu ausencia fue letal para mí porque, desde que me olvidaste,

al ir a la cama y dormir junto a ti, mirarte y ver tu espalda,

ahí fue cuando más lejano te sentí.

Las frases trilladas de amor ya no se dicen cuando ya no se sienten

y en eso no fallaste,

porque desde el día en que me dejaste de amar callaste.

Aprendí entonces a tomar café a solas, a sonreír a solas,

a desayunar a solas, a dormir a solas.

Aunque en todo ello ahí estuviste presente pero ausente.

Aprendí a ser como tú y eventualmente también dejé de quererte.

Vi que el amor no se acaba,

el amor es asesinado y enterrado por nosotros mismos

bajo nuestras propias sábanas.

Y entonces callé, no dije más nada,

ya no te pedí amor ni besos al ir a la cama,

dejé de buscarte y de acompañarte a cada mañana

y es que si no me quieres me querré yo.

Aunque eso signifique decir adiós.

Te pedí muchas noches un porqué de tu desprecio.

Cambié, fui más como tú querías,

pero no,

el problema acá es que ya no me querías o ya no me necesitabas.

Creíste que con darme plata yo estaría en paz,

pero olvidaste que soy una gran mujer y que yo sola me sé sustentar.

Soy tan mujer que cuando dejaste de quererme me amé yo misma.

Me comencé a amar y al verme al espejo empecé a sonreírme

y entonces callé y comencé a irme.

Las rupturas son un proceso difícil. Desde mi punto de vista, es tambalear hasta caer a lo más bajo y de ahí de abajo empieza el trabajo más difícil, que es volver a levantarse.

En mi caso, mi trabajo fue levantar mi autoestima, levantarme yo misma con todas mis fuerzas, con todas mis ganas de salir adelante.

Y no solo duele la ruptura por el matrimonio. Duele por la familia, por no poder cambiar la situación, por no poder cambiarlo a él, porque el *coaching*, el psicólogo, el sexólogo, nada ni nadie puede hacer el trabajo por ti mismo.

Y en ese momento yo no me daba cuenta de que nunca vas a poder cambiar a nadie, a ninguna persona, sea él o alguien más de este mundo. Puedes cambiar tú, solo tú, pero no podemos cambiar las ideas, los sentimientos, la forma de ser ni la personalidad de alguien más.

El trabajo personal es personal. A cada quien nos va a llegar el momento de abrirnos al aprendizaje en el momento que sentimos y estamos dispuestos a hacerlo.

En mi caso, con Ricardo me sentía aún más frustrada por no poder hacerlo cambiar. Yo estaba acostumbrada a que la mayor parte del tiempo se hacía lo que yo quería y él, un chico con muchos problemas familiares, laborales y económicos, a quien no le gusta hablar de sus problemas.

Entonces, si analizamos, ambos con personalidad muy diferente, con creencias/barreras y problemas que en ese momento ninguno de los dos estaba dispuesto a desafiar, sumado a la falta de comunicación, ¿qué pasa?

Sí, se acabó.

Aquí no hubo el calor, no hubo la fuerza, la humildad.
No hubo el valor de reconocer cada uno sus errores.
Como algo que el viento se llevó, te vas de mi vida.

Prefieres irte que dar tu brazo a torcer.
Prefieres marchar a otros brazos
que venir a regocijarte en los míos como antes lo hacías.
Te ganó el deseo y de corazón te deseo la mejor suerte.
Se acabaron las ganas de debatir y conversar nuestras diferencias.
Ya se acabó,
las miradas cansadas, las vidas separadas, la cama dividida.

Hasta este punto de mi vida, creía que podía juzgar a Ricardo y no rogarle, no necesitarlo y poder salir adelante sola. Pero, sinceramente lo digo, no se trata de huir de los problemas: se trata de que cada uno analice la parte de la historia de su vida que le hizo actuar y cómo lo hizo.

Se acabó y el motivo fue por tu carácter.
¿Mi carácter fue el que no te dejó cumplir tu misión de hombre?
Mi carácter fue que no me quedé callada
cuando no me pareció que tuvieras otras relaciones.
Mi carácter era exigirte que no llegaras tarde a casa.
Mi carácter que siempre quiso organizar la economía del hogar
para que no te faltara y no te comieras las uñas por largas noches.
Mi carácter ese que explotaba cuando me hacías desplantes,
cuando me celabas sin motivos,
cuando me callabas y no estaba dispuesta a callar.
Mi carácter de «la chingada» dices nos hizo esto.
la separación de un matrimonio con promesas que nunca cumplimos.
Mi carácter,
fue mi horrible carácter el que no me va a obligar a quedarme cruzada de brazos.
Gracias a mi horrible carácter, más bien,

fue el que me llevó a darme cuenta de que vale más un poco de carencias

y de soledad que una cama fría

y un hombre ausente porque se le da la gana.

Sí, les digo a todos que mi carácter también me va a llevar a la cima del cielo,

no a la que todos se imaginan subiendo una colina,

mi cima propia que yo construyo.

Y ahí abajo, en medio de la oscuridad, sola en una conversación conmigo misma porque tenía tantas preguntas rondando en mi cabeza, me di cuenta de algo que dio un giro de tranquilidad a mi vida.

—¿De qué te das cuenta, Mirna, cuando sientes tanta ira, frustración y nudo en el estómago por no poder comunicarte con él?

—Me doy cuenta de que no tengo el poder de cambiar a otra persona. Puedo aprender a comunicarme yo conmigo misma, puedo cambiar yo para mi situación, pero no puedo cambiarlo a él ni a su forma de pensar. El trabajo es personal y esa decisión es solo mía.

Me quebraste el corazón y no en dos,

en mil, en mil pedazos.

Pero no te preocupes.

Soy tan maravillosa y tengo la capacidad de reconstruirlo por sí solo,

tal vez tarde tiempo, uno, dos o hasta tres meses,

no sé si años, pero sanará.

Y cada vez que se rompe va quedando *más fuerte, más hermoso*,

se va llenado de amor propio,

se va curando con gotitas de lágrimas bien bonitas.

Y él vuelve a cantar canciones de amor

y vuelve a brincar de mil emociones.
¿Y sabes qué es lo más bonito?
Vuelve a soñar.
A soñar *que existe un amor para él.*

Gracias por llegar a mi vida a ayudarme a ser más fuerte,
gracias por aportarme unos momentos de alegría
y dejarme con más valor para enfrentar la vida,
porque estoy segura de que cada vez que encuentre a alguien,
cada vez me acerco más al indicado.
Hay un indicado amor de mi vida, lo sé,
en algún lugar del mundo
y si no es en esta vida en otra lo será.

«Amaba»
Independientemente de todo lo que me dabas,
yo sí te amaba.
Amaba despertarme junto a ti, voltearme y despertarte a besos.
Amaba tu aroma aun cuando llegabas de trabajar.
Amaba limpiar tu casa y cocinar tu comida favorita.
Amaba tu sarcasmo hacia mis compras, hacia mis quehaceres.
Amaba tu paciencia y tu resiliencia.
Aunque no eras tan amoroso,
amaba ser yo quien te empalagara,
quien te hiciera cosquillas y te sacara una sonrisa.
No sé si no lo viste o lo olvidaste,
pero yo siempre estuve ahí buscándote,
añorándote aun cuando te volviste ausente para mí.
Algo olvidaste, cariño:
olvidaste que yo te amaba.

Autoaceptación: esta soy yo

Sé buena contigo porque nadie más tiene el poder de hacerte feliz.

Mirna

Merezco más de lo que hasta el momento he tenido. La vida ha sido buena, bonita y maravillosa, pero hoy acepto y reconozco lo que quiero y no quiero para mi vida. Me doy cuenta de que no quiero envejecer sufriendo, incómoda e infeliz; que yo merezco lo mejor de la vida, lo mejor de este mundo.

Merezco alguien que camine al mismo ritmo, merecemos respeto y confianza. Merezco que reconozcas quién soy y, de vez en cuando, te preocupes por cómo estoy y merezco que entiendas esto.

Merezco que aplaudas mis triunfos como yo los tuyos y que de vez en cuando me ayudes a salir de una mala idea o un problema. Merezco, merecemos mucho más de lo que estamos dispuestos a dar.

Merecemos de vez en cuando darnos un chapuzón de ideas frescas y nuevas, merecemos juntos, merecemos la gloria y alcanzarla. Merezco que me admires, merezco ser tu amiga antes que tu represora, merezco entendimiento y merezco que lo entiendas.

Hoy mientras me peinaba el cabello
me vi en el espejo y me di cuenta de que soy nueva,
soy libre, soy grandiosa, soy maravillosa.
Mis manos son hermosas; mis piernas, largas.
Me detuve a admirar mi cuerpo.
Internamente soy una mujer valiosa,
soy honesta, soy leal, soy valiente,
soy creativa, soy inteligente.
Soy la mujer de carne y hueso que vive,
que vibra, que siente, que ama, se apasiona.
Y mientras escribía este texto
no pude evitar rodar unas lágrimas en mis ojos.
Soy Mirna, la misma que hace cinco, diez, quince *años*,
y estoy tan orgullosa de mí misma.
Hoy es 31 de diciembre del 2019
y el día de mañana lo recibo con la misma sonrisa,
la misma mirada, pero con más conciencia de mí.
Con fortaleza, con alegría, con soledad, ¡*por* qué no!
Recibo el año sola, conmigo misma y mis ángeles y demonios
y que venga lo que venga y que pase lo que pase.
A lo que llegue bienvenido y a lo que se va que le vaya bien.

Gracias, Dios, por veintiocho años cumplidos.
Por escucharme cuando te lo pido,
por guiarme hasta el lugar donde estoy,
por el don de la sabiduría, la conciencia y el amor.

Por mis dos hermosos hijos, mis padres, hermanas,

amigas y personitas especiales que llegaron a enseñarme un camino diferente,

especial y, sobre todo, que ha cambiado mi vida y mi ser.

Gracias a mí por ser tan yo,

por mirarme, por abrazarme cada día

y darme cuenta de que estoy rodeada de personas que me aman,

pero, sobre todo, estoy rodeada de mí

y porque con lo que tengo y lo que soy estoy bien.

Bendiciones si me lees,

bendiciones si estás ahí para ti y para amar a quien te ama.

Eres tu historia

Una vez ascendiendo en el camino del autoconocimiento, siento que estoy en el camino correcto. Cuando abrí la ventana para aprender de mí, empecé a conocer de mí misma, de la vida y, una vez abierta esa ventana, yo supe que jamás la podré cerrar.

Aprendo a dar y a recibir, me encuentro en cada palabra de sabiduría, me conecto con mis ideales y sigo el camino que no es cómodo. Sigo el camino que me llama a seguir el llamado y el recorrido de mi alma. Lo más importante, me acepto y me reconozco como lo que soy.

Hoy me reconozco dichosa porque soy mi madre, soy la mamá y el papá de mi madre; soy mi padre, soy la mamá y el papá de mi padre. Ustedes se preguntarán qué significa esto. Esta fórmula es simple: soy lo que soy gracias a mi historia, soy lo que soy ahora gracias a las circunstancias de vida que me tocaron vivir, con las personas correctas para que todo lo que he aprendido a lo largo de mi vida sume al futuro que elijo construir día con día, porque este presente es lo que forja mi futuro, «los pasos que doy ahora formarán mi mañana».

Soy la mujer, la niña, la jovencita.

Soy la tierna, la sonriente, la que ama, la santa.

Soy la dichosa, la llama, soy la deseada, la rechazada,

soy la fuerte, la frágil, soy de mal carácter y soy un amor.

Soy la que sueña, soy la madre, soy la modelo, soy la fría y la cálida.

Soy la vida, soy la muerte, soy la auténtica,

soy la valiente, soy leal, soy la inteligente,

soy la que a solas llora, soy la bella y la fea.

Soy la abuela, soy la amiga, soy la villana y soy tu vida.

Soy tu amor en mil pedazos,

soy un rompecabezas que puedes armar.

Soy extremadamente apasionada,

soy una llama que jamás podrás apagar.

Soy vida, soy agua, soy tu cariño,

soy tu cama, soy tus noches más cálidas, soy tu poeta romántica.

También soy tu bruja,

soy la mirada que en tus ojos se refleja mi ira y mi calma,

soy lo que tú quieras ser para mí,

soy tu sueño en una palabra.

Ver lo bueno de mí misma y de los demás me ha abierto al aprendizaje más grande de mi vida. Ver a mis padres y reconocer mi historia a su lado aceptando lo bueno que fue y que gracias a ellos soy esta mujer completa me llena, me fortalece, edifica mi ser y el de ellos por siempre.

Al aceptarme, empecé a sanar heridas no solamente de la ruptura matrimonial. Empecé a sanar desde mi infancia, las heridas de mi alma, que muchas veces ignoramos y sabemos que están ahí, pero las ignoramos y seguimos cargándolas como un costal lleno de piedras.

Y es un regalo tan bonito seguir viendo dentro y encontrar en cada pedacito de mi vida partecitas que no sabía que existían o porque dolían y limpiar, apapachar, abrazar y sanar esas partes.

Buscaba algo dentro de mi profunda oscuridad.
Te buscaba a ti, me buscaba a mí, buscaba todo y nada.
Buscaba el silencio que me obligaba a gritar tu nombre,
buscaba la dicha, buscaba la calma.
Buscaba algo en mí que veía en ti,
pero no sabía si era lo correcto.
No sabía si era lo incorrecto,
hasta que me encontré conmigo, con mi fe, con mi amor.
Encontré mi alma y mi ser, completitos, no había roto nada,
estaba yo ahí dispuesta a todo y nada.
Encontré la magia que hay en ti,
pero que al verla está en mí.
Encontré la luz que solo era el reflejo de la mía en tus ojos.
Encontré la serenidad y la compasión,
mas no podía sentir nada por ti sin antes sentir todo por mí.

Así el perdón fue llegando solito para cada uno de los personajes importantes que conformaron mi niñez.

Perdoné a mi padre por todas las promesas que me hizo y nunca cumplió, que en el corazón de un niño quedan como una herida que solo nosotros mismos somos capaces de sanar una vez tomando conciencia de ello.

Para una niña que está aprendiendo todo de su entorno cercano, en este caso mis padres y hermanas, para el niño lo que ellos dicen y hacen es la verdad porque está abriendo su conocimiento al mundo. Entonces si llega cualquier persona y hace promesas que no cumple el niño no sabía que estaba mal, o que estaba bien o que le estaba haciendo daño. Simplemente, es lo que estaba aprendiendo a conocer como su verdad.

¿Y qué crees? Así fui creciendo y pensando que cualquier hombre que se me acercara y me hiciera promesas que no iba a cumplir no está mal, está bien, está dentro de lo que yo conocía como alguien que me amaba, que era mi padre.

Y cuando tuve conciencia de sentirme traicionada sufría, pero algo muy en el fondo me decía que eso estaba bien, que era algo normal y aceptable para mí. Era la manera de vivir que conocía y con la que crecí.

La herida de la traición es...

> Suele darse esta herida con un padre —del sexo opuesto al suyo— con quien hay una fuerte atracción o lazo de amor, generando un fuerte complejo de Edipo o Electra que no se ha resuelto. Eso significa que la dependencia con el padre del sexo opuesto es muy fuerte y en sus relaciones futuras esperarán mucho de su pareja esperando recibir lo que no recibieron de su padre/madre. En sus relaciones les costará comprometerse por miedo a ser decepcionados (traicionados). De niño se sintió traicionado por el padre de sexo opuesto cada vez que ese padre no mantenía su palabra o promesa, o cada vez que no cumplía sus expectativas de «padre ideal». El niño también se sentía *traicionado cada vez que su* padre del mismo sexo se sentía traicionado por el padre del sexo opuesto.[2]

Perdoné a mamá por la ira que descargaba hacia mí cuando sentía frustraciones personales e inconscientemente me hería verbal o físicamente.

---

[2]   *Las cinco heridas del alma que impiden ser uno mismo*, Lise Bourbeau.

Lo que te puedo compartir de esta situación fue que fui programándome inconscientemente a ser agresiva y, al mismo tiempo, a hacerme chiquita ante cada palabra de autoridad. Para explicarme mejor, imagínate que tienes ante ti una leona, grande y bonita, con filosas garras y pelaje brillante, la ves y piensas que es feroz y hermosa a la vez.

Pues mi madre tenía el poder de verme así, resplandeciente y brillante, pero, como el domador de la leona que está a punto de subir a un escenario a brillar, al primer latigazo y palabra hiriente se quedaba convertida en la más mínima y frágil gatita. Me sentía incapaz de brillar y sometida, incapaz de tomar mis propias decisiones. ¿Y qué crees? Dejé muchos sueños abandonados por esta causa, uno de ellos el de ser modelo y actriz.

La herida de la humillación o injusticia:

> Sufrimos de la herida de injusticia cuando sentimos que no somos apreciados por nuestro verdadero valor, cuando no nos sentimos respetados o cuando creemos que no recibimos lo que merecemos. También sufre esta herida quien cree que recibe más de lo que se merece. La herida se suele activar con el padre del mismo sexo. Si sentíamos que ese padre no expresaba sus sentimientos con nosotros, sufrimos una relación «fría» y superficial con *él*/ella, lo cual nos limita a podernos expresar y ser nosotros mismos. Si el padre del mismo sexo era, además, autoritario, crítico y estricto, la herida es mayor. De pequeño quien tiene esa herida siente que es más apreciado por lo que hace que por lo que es.[3]

Perdoné a mi maestra de cuarto año que me hizo una acusación enfrente de todos los niños en el salón. Ella me dijo que yo

---

[3] *Las cinco heridas del alma que impiden ser uno mismo*, Lise Bourbeau.

me robé el balón de voleibol y mandó a un compañero a buscarlo a mi casa. Obviamente, él regresó sin el balón que yo no robé, pero sí regresó burlándose de mi casa. La maestra tal vez no se imaginó que eso quedaría marcado como una gran herida para mí, me ridiculizó y sin darme cuenta anclé una herida.

Me sentía rechazada por todos y de ahí en adelante empecé a bloquear a mis compañeros de clase, a la maestra y a las demás personas; a ser más cerrada e hiriente como ellos lo eran conmigo. Desde ahí aprendí que debía encontrar mis propias armas para defenderme de los demás.

Perdonar y sanar esas heridas de la infancia y otras más de mi juventud que yo misma me había hecho, promesas rotas por mí misma, porque yo soñaba con ser actriz y modelo y no haber concluido esos sueños. Esa era una herida que también había que sanar y perdonar, aceptando que las circunstancias y las decisiones que yo misma en su momento tomé fueron encaminadas precisamente a no cumplir con mis sueños.

Pero ahora reconocer esta historia es el gran primer paso para romper con las secuelas de mis barreras que es no soy la víctima de mi madre, de mi padre, de mi maestra de cuarto año, de mí misma. No soy la víctima de ninguna persona que me hirió en el pasado, porque reconozco y acepto mi historia.

Vivir en la victimez y el reproche a nosotros mismos es como vivir con un látigo en la mano dándote de golpes a ti mismo, por lo que ya pasó que no fue ni es tu responsabilidad. Nuestra única responsabilidad ahora es desafiar nuestras barreras y sanar nuestras heridas para así seguir adelante plena y felizmente.

A continuación, dejaré la teoría que completa las cinco heridas de la infancia, según Lise Bourbeau.

«Identifica en ti cuáles son tus heridas de la infancia»
Las cinco heridas:

- El rechazo y la máscara de retirada.
- El abandono y la máscara de dependencia.
- La humillación y la herida masoquista.
- La traición y la máscara del controlador.
- La injusticia y la máscara del rígido.

El rechazo y la máscara de retirada

La herida del rechazo es muy profunda, pues le hace sentir a uno que su «derecho a existir» está siendo rechazado. Un ejemplo claro son los bebés que no son bienvenidos cuando su concepción no es buscada por los padres. Se activa incluso en el vientre materno. La herida se activa, sobre todo, en la relación con el padre del mismo sexo. Es del todo habitual en estos casos que no aceptes u odies al padre que tiene el mismo sexo que tú. Esta sensación de rechazo no significa necesariamente que tu padre te rechazara, pudiera significar que tú interpretaste una o varias experiencias como si fueran un rechazo de tu persona. Otra persona lo podría haber vivido como una humillación. Entiende que cuando un padre no se acepta a sí mismo (se rechaza) y tiene un hijo del mismo sexo es normal y humano que inconscientemente rechace a ese hijo, pues constantemente le recuerda su propio autorrechazo. Si sufres de la herida del rechazo, la no aceptación del padre del mismo sexo explica las dificultades que tienes en aceptarte y amarte a ti mismo.

El abandono y la máscara de dependencia

Situaciones que pueden despertar la herida del abandono son:
- La madre debe ocuparse de su recién nacido bebé. El otro hijo puede sentirse abandonado.

- Si los padres trabajan todo el día y no tienen tiempo para los niños (padres ausentes), pueden sentirse abandonados.
- Si el niño tiene que estar en cama en el hospital sin entender qué le ocurre y no está acompañado, puede sentirse abandonado.
- Si el niño tiene que quedarse en casa de un familiar durante un tiempo alejado de sus padres, puede sentirse abandonado.

Normalmente, la herida del abandono se reaviva con el padre de sexo opuesto. En ocasiones quien sufre de abandono también sufre de rechazo —con el padre del mismo sexo—. Mientras sigamos estando resentidos con alguno de nuestros padres, tendremos dificultades con las personas del mismo sexo que nuestro padre a quien no hemos perdonado. Para perdonar, no hay nada mejor que comprender que él o ella son también víctimas de sus padres y que les acusamos de algo que nosotros mismos hacemos a ellos. Comprender que lo hacen lo mejor que saben o pueden.

La injusticia y la máscara del rígido

Sufrimos de la herida de injusticia cuando sentimos que no somos apreciados por nuestro verdadero valor, cuando no nos sentimos respetados o cuando creemos que no recibimos lo que merecemos. También sufre esta herida quien cree que recibe más de lo que se merece. La herida se suele activar con el padre del mismo sexo. Si sentíamos que ese padre no expresaba sus sentimientos con nosotros, sufrimos una relación fría y superficial con *él*/ella, lo cual nos limita a podernos expresar y ser nosotros mismos. Si el padre del mismo sexo era, además, autoritario, crítico y estricto, la herida es mayor.

De pequeño, quien tiene esa herida siente que es más apreciado por lo que hace que por lo que es. La reacción de la persona que sufre la herida es disociarse de sus sentimientos, como forma de sentirse protegido y no vulnerable. Para ese fin construyen la máscara de la rigidez. Físicamente van todo rectos, como si su cuerpo fuera perfecto. En el fondo, se niegan a sí mismos, pues no se permiten expresar sus verdaderos sentimientos.

¿De qué manera vives, humano, en la tierra si vas a desperdiciar tu vida en reproches falsos?, ¿para qué te anclas en el camino de la autosuficiencia y la desigualdad?, ¿por qué sufres provocando tu propio dolor y te ahogas en las aguas amargas que de tu misma hiel brota?
Salta a la vida y brinca, cáete y levántate si eres capaz de mantenerte de pie. Suelta tu lengua para decirte maravillas. Levanta tus manos para agradecer a tu Dios, tu maestro o como le llames según tu creencia, que eso no te limite, que esto no te detenga a ser el ser único que eres en esta tierra. Anda, llénate los zapatos de lodo y deja tus propias huellas en el camino, que los demás noten que pasaste por esta vida.

Desde que era una niña, me interesaba por la lectura motivacional. Yo misma me automotivaba, despertaba y una vocecita en mi cabeza me mantenía de pie, me decía: «Levántate y ve a la escuela y haz lo que te gusta». Tal vez por ese motivo no tuve las mejores notas en Matemáticas ni en Español, pero sí escribía los poemas más bonitos para el festival del 10 de mayo. Tenía mi diario y si veía una mariposa revolotear pensaba en sus colores y decía versos en mi mente. Era una huida para mí escribir para olvidar uno que otro altercado familiar.

En mi etapa de adolescencia, mis padres se divorciaron. Yo, en mi etapa de rebeldía, empecé a escribirle a mi primer amor. Hubo sucesos también que marcaron esta etapa de aprendizaje como una de las más importantes porque empecé a experimentar el cariño que sentimos hacia el sexo opuesto, el autodescubrimiento de diferentes emociones, exploración de mi cuerpo, sexualidad y todo esto acompañado de unas bonitas notas de amor.

En esta etapa de la juventud, me mudé a vivir a la capital de Colima con mi hermana Glenda, quien estudiaba y vivía con otras chicas estudiantes. Aquí empecé a estudiar el bachillerato, encontré nuevas amistades y con ello nuevas aventuras, conocí los excesos en todos los aspectos, me aventuré a vivir ese éxtasis que le llaman juventud y fue de lo mejor que pude haber vivido.

Crecí apasionada de la vida. Cuando llegué al nivel superior, entré a la carrera de Contabilidad y en serio no tuve el mejor lugar en aprovechamiento, pero sí aprovechaba para inscribirme en todos los talleres de psicología que venían a impartirnos los docentes de la UdC. Asistía a todas las conferencias de lecturas y talleres sobre comunicación, sexualidad, identidad, entre otros.

Qué mensaje puedo dejarte con esta experiencia, tres cosas: ama y acepta lo que eres, disfrútalo, gózalo y, lo más importante, jamás renuncies a ello. No te juzgues por lo que te pasó o por no ser tan buena en algo. Mejor busca lo que sí haces bien, lo que disfrutas, lo que te apasiona, y eso es lo que te va a llevar a vivir de manera plena.

Y de repente un día te das cuenta
de que ya no eres la misma chica de hace unos años.
Que ya cambiaste tu forma de vestir,
tu forma de ser por maneras que te funcionan mejor
para regenerar todo eso que te dañaba.
Que ya cambiaste tu forma de ver la vida,
que ya no te conformas, que ya no callas,
que ahora luchas, te levantas,
te retas a ti misma a ser y a sentir lo que tú quieras.
Que ya no quieres más de lo mismo,
que no te conformas con las migajas que te repartían,

que ya no te hace feliz lo que todos dicen que te debe hacer feliz.

Que ya no te crees los cuentos baratos

y, algo muy importante,

ya no te conformas con ver cómo te pasa la vida por enfrente.

Ahora quieres vivir y vivir bien.

Quieres disfrutar, quieres amar y ser amada.

Hoy me preguntan: «Mirna, ¿qué es lo que realmente te importa en la vida?». Y, simplemente, les contesto: «Estar bien. Si estoy bien yo, mis hijos estarán bien. Entonces si yo cuido de mí, cuido de ellos».

Honra y agradece lo bueno y lo malo que te pasa, eso tenía que pasarte para que tú aprendieras algo. Identificarlo es como detectar al enemigo, así la próxima vez que te vaya a suceder podrás esquivarlo fácilmente y no seguir cometiendo los mismos errores.

Naturalmente, al estar ya instalada en este nuevo capítulo de mi vida, al abrir los ojos, mi primera cita es agradecer a Dios. De esta manera, el resto del día, sea lo que sea y venga lo que venga disfrutar ya es para mí una prioridad.

Amar la vida es mi única prioridad y de esta manera estoy cuidando de mí y de los míos.

Realmente, no estoy tan sola.

Te tengo a ti, la que me levanta; la que me inspira; la que me recuerda a cada caída que está conmigo, que te tengo; la que me dice párate y ve, muévete de lugar; la que me permite llorar, pero después me dice basta ya; la que me inspira a seguir soñando; la que me motiva a, por encima de todo, saber que te tengo, que nos tenemos.

Mirna, nos tenemos, gracias por existir en mí y yo en ti. Gracias por habitar en una parte de mi ser. Gracias por recordarme lo maravilloso que somos y de lo que somos capaces.

Te amo, me amo.

Si sufres es por ti.
Si te sientes feliz es por ti.
Si te sientes dichoso es por ti.
Nadie más es responsable de cómo te sientes,
solo tú y nadie más que tú.
Tú eres el infierno y el cielo también.
OSHO

Empiezo a comunicarme asertivamente

El elogio más grande que me han dado jamás es cuando me preguntaron qué pensaba y se atendió a mi respuesta.

Henry David

Entendí que soy yo la que florece
o se deja marchitar con el paso de los años.
No, no es la edad, es algo más.
Es una luz interior que me hace brillar en el exterior.
Entendí por qué cambié mi esencia.
Entendí por qué me empeñaba en ser como los demás eran conmigo.
Quise imitar personas amargas y me llevé decepciones muy duras.
Quise imitar personas egoístas y endurecí mi corazón.
Quise imitar a personas hirientes y reprimí mis emociones.

Entendí que mi sufrimiento era tal que al toparme con ellos
rebotábamos como pelotas y, lo más importante,
entendí que no debo jamás cambiar mi esencia
por algo que no es de mi incumbencia.
Entendí que esta soy yo y que si a alguien le molesta me paro y
me voy.
Entendí que mi vida no tiene por qué girar en torno a los demás.
Entendí mi esencia, mi pureza,
entendí el arte de la vida,
lo entendí todo.

Cuando empecé a descubrir en mí todo este mundo de posibilidades del que hablo en este libro, me di cuenta de que en mi vida uno de mis más grandes problemas había sido no saber comunicarme, no saber expresarme.

La comunicación, en cualquier tipo de relación, sea de pareja, familiar, laboral.

Comunícale, comunícate y dile si te lastimaron sus palabras.

Dile si sientes distancia, dile que lo extrañas.

Dile qué te gusta en la intimidad y qué es lo que no te gusta.

Dile si necesitas un tiempo para ti, dile si necesitas más tiempo con él.

Yo me di cuenta de que mi comunicación todo este tiempo de mi vida no fue efectiva. Según yo, sentía que me comunicaba y que decía todo lo que sentía, pero la manera cómo lo hacía era de una manera hiriente, dejándome llevar por las emociones de desespero y rabia.

Un espacio de comunicación en donde las personas preferían huir que escuchar.

Es por ello por lo que recalco: una cosa es hablar y otra es comunicar asertivamente.

Acepto lo responsable que he sido
para la ruptura de mis relaciones anteriores.
Acepto mis posturas tan arrebatadas,
mi tristeza que con tanta ira se volvía un nudo en mi garganta.
Acepto mi revolución que a tu vida amargura causó.
Lo acepto, lo suelto y me voy sin nada.
Nada de lo que me hizo daño dejo este año con todo lo que no
sirvió.

Comunicación asertiva

La comunicación asertiva es el lenguaje para lograr tus objetivos. Este tipo de comunicación nos permite dialogar con calma y respeto, expresando lo que queremos decir, pero sin herir los sentimientos de las otras personas.

Según el Diccionario de la Real Academia de la Lengua Española, una persona asertiva es aquella que expresa su opinión de manera firme, clara, respetando tanto las ideas del otro como las propias. Esto no quiere decir que para ser asertivos debamos estar siempre de acuerdo con los argumentos que se nos presentan; podemos disentir sin que esto sea motivo de discusión. Comunicarse asertivamente significa decir lo que uno quiere decir, sin herir los sentimientos de los demás.

¿Qué debemos tener en cuenta en la comunicación asertiva?

Ser claros y concretos. *Decir específicamente lo que queremos. Si nos limitamos a insinuar, corremos el riesgo de ser malinterpretados por los demás.*

Ser breves. *Ya lo dice el adagio popular*, lo bueno, si breve, dos veces bueno. Si argumentamos extensa y constantemente, nuestros argumentos perderán peso.

Disculparse, *cuando es necesario, está bien*; si hacemos reclamos legítimos, las excusas sobran. De otra manera, parecerá que nos sentimos culpables y nos veremos inseguros. No obstante, siempre debemos hablar con respeto.

Ventajas de ser asertivo

Utilizar la comunicación asertiva disminuye los niveles de estrés —no nos sobrecargamos con excesivas responsabilidades, como les ocurre a las personas que no saben decir «no»—, nos ayuda a controlar el mal genio y mejora nuestras habilidades de afrontamiento, pues nos permite expresarnos efectivamente, defender nuestro punto de vista, a la vez que respetamos el de los demás.

En resumen:

Mejora la autoconfianza y la autoestima.

Podemos identificar nuestros sentimientos.

Cuando respetamos al otro, nos ganamos el respeto de los demás.

Mejoramos nuestras habilidades comunicativas.

Podemos tomar mejores decisiones.

Construimos relaciones sociales y laborales basadas en la sinceridad.

Para lograrlo, la comunicación asertiva debe tener presentes estos tres aspectos:

1. Confianza: creo en mi habilidad para manejar una situación.
2. Claridad: *mi mensaje es claro y fácil de entender.*
3. Control: *doy la información de manera calmada y controlada.*

Recomendaciones para ser una persona asertiva

Evalúa la forma en la que te comunicas. *¿Expresas tus opiniones o te quedas callado? ¿Dices sí a todo lo que te digan los demás? ¿Juzgas o culpas a los demás constantemente? Identifica tu estilo comunicativo para poder realizar los cambios a que haya lugar.*

Exprésate, incluyéndote en lo que dices. *Esto te permitirá hacerles* saber a los demás lo que estás pensando o sintiendo, sin parecer que estás acusando.

Practica decir «no».

Ensaya lo que quieres decir.

Utiliza el lenguaje corporal. Recuerda que la comunicación no es solo verbal. *Mantén una postura erguida, haz contacto visual regular, mantén una expresión facial neutra o positiva, no cruces los brazos ni las piernas.*

Mantén tus emociones bajo control. El conflicto es difícil para la mayoría de nosotros. Tal vez estés enojado o frustrado o tengas ganas de llorar. Aunque estos sentimientos son normales, pueden dificultarnos el resolver los conflictos. Si estás emocionalmente afectado, espera un poco. *Respira profundo, mantén la calma y habla con voz uniforme y firme.*

Hazlo poco a poco. *Es importante que practiques estas habilidades con personas cercanas a ti. Esto te permitirá evaluarte y,* de ser necesario, hacer los ajustes correspondientes.[4]

Elegí esta teoría sobre comunicación de la psicóloga María del Rosario porque ella lo describe perfectamente. En su artículo nos habla sobre lo que es la comunicación, la importancia, y nos explica hasta de qué manera podemos hacerlo para ser asertivos.

---

[4]   Fuente: María del Rosario González Alonso. Psicóloga
       Dirección de Bienestar Estudiantil
       Bogotá, D.C., 13 de septiembre del 2021

Te diré una cosa, muchas veces pensé que me estaba comunicando, pero no lo hacía de manera correcta porque terminaba molesta. Cuando me di cuenta de que para comunicarme asertivamente con mis seres queridos debía controlar mis emociones, elegir la emoción desde donde podría hacerlo mejor, es así como empecé a poder comunicarme con mis padres, con mis hermanas, con el padre de mis hijos, con mis hijos y con muchas personas más de mi alrededor.

También a manera de comunicación y amor les escribí cartas a mis seres queridos. Dentro de esas personas estaban mamá, Ricardo y mis hijos.

Para mamá:

Hola, ma:

Decidí escribirte esta carta porque simplemente estoy muy cansada de esta pesada relación entre tú y yo.

Y lo decidí porque te quiero y no soy de las personas que les gusta salir mal con la gente, mucho menos con su familia.

Con respecto a la última llamada que tuvimos y colgaste, porque simplemente no te gusta escuchar lo que es mi verdad y lo que yo tengo para decir... *Tú* toda la vida te has dedicado a llenarme de juicios sobre mí misma, a decirme que soy igual que mi padre, que no sirvo para nada.

Y, para acabar, me has rematado ahora que soy madre, te has dedicado a decirme que no soy una buena madre (cancelado). No soy todo eso que me has dicho toda la vida. Soy una gran mujer, me gusta aprender, me gusta perseverar, me gusta conservar y cuidar mis amistades. Soy sociable, soy cariñosa, soy natural, soy noble, soy muy inteligente, soy la mejor mamá que a mis hijos les pudo dar Dios y la vida, soy luz, soy abundancia. Y todas esas cualidades que te acabo de mencionar las he utilizado en lo que a mí me gusta, en lo que me llama, porque tengo una misión y un camino diferente que el tuyo. Se trata de respetar simplemente lo que cada quien es, porque de ahí viene lo que merecemos en la vida.

Yo solo quiero que respetes mi vida, me respetes a mí, a mis hijos y mis decisiones. Si eso es mucho pedir, lo siento y lo siento mucho, pero no va a cambiar nada en mí, porque yo me he dado cuenta de que nada en mí está mal ni torcido.

Y si te escribí esta carta es porque yo sí quiero respetarte, no te estoy pidiendo que cambies nada de ti, esa eres tú y te amo con toda mi alma. Solo te pido respeto hacia mi persona. Es todo lo que pido en esta carta.

Gracias por leerme. Gracias por todo lo que me has dado, por tu tiempo, por tus desvelos, por tu gran labor de trabajo para mi estudio, para mi educación. Gracias por contribuir a que yo sea la grandiosa mujer que soy. Te debo muchísimo y si con algo puedo pagarte lo haré respetándote y honrándote como la grandiosa madre que también eres para mí.

Te amo

abril del 2021

Carta a papá:

Te escribí esta carta, padre, el día que elegí sanarme. Sí, sanar mis heridas. Elegí soltar el dolor que yo sentía que cargaba por la violencia física y verbal que se vivía en casa cuando era una niña y decidí reemplazarlo solo con los buenos recuerdos que tengo a tu lado, como que me llevabas a Tecoman en la lobo a vender la miel que cosechabas y yo me iba en la caja de redilas de madera parada el aire dándome en contra en la cara y yo ahí iba cantando a todo pulmón.

Me hiciste soñar muchas veces con una casa y mi propia recámara color rosita y, aunque eso fue parte de algunas promesas rotas, solo quiero que sepas que fui muy feliz, porque siempre que llegaba de la escuela lo primero que veía era a ti ahí en el patio con los gallos o haciendo alguna que otra chamba.

Sé la historia, que esperabas mucho de mí, como que naciera siendo un varoncito y no fue así, pero fui una niña, tu niña chiqueada. Y ahora soy una mujer bien hecha, bien puesta, bien sólida y hoy solo digo gracias por mostrarme el mundo a tu manera y por ser mi padre.

Te amo

Carta a Ricardo:

Si el día que elegiste amarme te enamoraste de mi buen sentido del humor o simplemente te enamoraste de mis ojos marrones, si mis conversaciones te parecieron interesantes o durante el camino a casa me escuchaste cantar mi canción favorita, discúlpame que te diga que tengo muchos desaciertos. No sé si es tan molesto que doy mil vueltas al dormir, si mi sentido del humor se apaga cuando me mienten. No sé si sepas que huyo cuando me siento atacada. También me cuesta mucho plancharme el cabello todas las mañanas y sentarme a desayunar sin subir las piernas a la silla. Disculpa si no te dije que lloro en las películas románticas y que no me gusta cuando me enfermo.

Perdón si en algún momento idealizaste la manera de cómo soy en la vida.

Mi sonrisa a veces se cansa y se vuelve apagada.

Lo siento mucho si no fui la mujer de tus sueños o, simplemente, lo que tú esperabas, que pasaste de ser un simple terrenal a un completo extraño.

Lo lamento, pero no vine a este mundo a llenar tus expectativas ni las de nadie más. Vine a este mundo a brillar con mi propia luz, esa luz que viste en mí y de la que un día te enamoraste, esa luz que un día lograste apagar y que ahora yo volvía a rescatar. Te quiero como el gran padre de mis hijos que eres y te respeto por siempre.

MIRNA

Carta a Daniel y David:

Escribí esta carta esperando el momento en que ustedes, Daniel y David, entren un día por la puerta y me hagan la siguiente pregunta: «Mamá, ¿por qué te divorciaste de mi padre?».

Y la respuesta a esa pregunta es la siguiente:

Hijos, los seres humanos a lo largo de nuestra vida cometemos muchos errores. Sin duda alguna, su padre en mi vida jamás fue uno. Al contrario, él es en mi vida una de las personas más importantes, porque sin él ustedes dos no estarían aquí.

Y él ha sido un gran maestro en mi vida. Su padre vino a mostrarme muchas cosas y quiero compartirlas con ustedes porque para mi vida han sido de crecimiento personal y espiritual. Él me enseñó que nunca debo cambiar mi esencia, lo que yo soy, mi manera de ser y de disfrutar la vida. Que jamás debo dejar de ser quien soy por tratar de complacer a alguien más.

Supe que quien te ama te ayuda a crecer siendo quien tú eres, porque quien te ama te impulsa y aplaude tus logros.

Mi propio valor, quien te ama no te traiciona, no te miente. Cuando amas a alguien, entregas hasta tus más oscuros deseos e incluso lo haces parte de ellos y juntos forman un equipo donde hay respeto, admiración y amor, todo esto comunicándote asertivamente.

Pero hay algo muy importante, cuando el amor no es recíproco, no existe la conexión entre ambas personas y sientes que nadas y nadas a contracorriente, el camino de pareja se vuelve difícil y doloroso.

Y esa era yo en mi relación con *él*, nadando y nadando a contracorriente. Sentía que no sabía qu*é* hacer ya para poder comunicarme con *él* y que los dos pudiéramos remar el mismo bote. Cuando ustedes dos nacieron, el trabajo para mí era mucho, la relación entre *él* y yo se fue haciendo muy distante. Yo empecé con mi trabajo personal y a sumergirme en el mundo del autoconocimiento y me di cuenta de que era hora de que los dos debíamos empezar a trabajar en nuestra relación, en nuestra comunicación y no pudimos, fue ahí donde todo acab*ó*.

Y esto no me hace una víctima de *él*, nadie es víctima de nadie.

Su padre es en mi vida un maestro.

Yo me prometí darles a ustedes una madre aut*é*ntica y enseñarles a serlo, mostrarles que no hay necesidad de pernernos de nosotros mismos por nada ni por nadie, a luchar por amor hasta donde más puedas, pero con el apoyo de la pareja, siendo un equipo.

No a renunciar fácilmente. Al contrario, a ser fuertes sin dejar de ser frágil.

Y lo más importante, cuando pienses en tu felicidad, piensa en ti. Si tú eres feliz, los que están a tu alrededor también lo serán.

Los ama,

MAMÁ

A mis abuelos:

Si te vuelvo a ver, si algún día te vuelvo a encontrar, en otro mundo, en otro plano, en otra vida, sin miedo, sin vergüenza, sin tapujos y juicios en mi cabeza, te voy a dar ese abrazo que en la tierra no fui capaz de darte.

No puedo creer que se te fue la vida y no te pude decir que eres y siempre fuiste una parte de mí. Cuando te tenía en vida, sim-

plemente no lo sabía, no sabía que yo soy tanta parte de ti como tú de mí. No *sabía el significado de abrazar y valorar a quienes son parte de mis raíces, nunca me explicaron la* importancia de abrazar, de apapachar o a valorizar el tiempo que pasamos con nuestros ancestros, nuestros abuelos, los que nacieron para que yo tuviera esta hermosa y maravillosa vida.

Gracias por nacer para que yo exista en este plano ancestral.

Gracias por tener vida para conectar mi vida.

Gracias por tus palabras, por tu tiempo y tu presencia.

Gracias por tus acciones encaminadas para que yo existiera.

Gracias por tu amor.

Gracias, gracias, gracias.

«Zoila»

Mi mundo yo lo creo.

Creo día a día lo que siento en mi corazón.

Zoi creadora de amor.

Zoi la creación de mí misma.

Zoi la creación de mi propia existencia en este mundo.

Zoi la creadora de la vida.

Zoi la creadora de la verdad.

Zoi la creadora de la sonrisas *más bonitas.*

La mía, la tuya, la de ellos.

Zoi la que vive apasionadamente.

Zoi la que hace lo que le da la gana.

Zoi la tejedora de ilusiones.

Zoi la que busca cobijo y lo da.

Zoi el cielo brillante y a veces nublado.

Zoi eso que no se puede describir con la canción más bonita.

Ninguna alcanza a describir lo que hay en mí.

Ni yo misma alcanzo en este escrito a describir todo lo que soy.

Pero soy lo que siento en mi corazón.

Zoi la creadora de mi propio día a día.

Y disculpen si en este escrito creen ver una falta de ortografía, no lo es. Zoila es un nombre de persona, no cualquier persona, mi abuela Zoila, la abuelita más bonita que me pudo dar Dios, la que me enseñó a vivir la vida libremente, esa Zoi.

Un «*te* amo» hasta el cielo.

Es tan bonito conocerte, aceptarte y empezar a comunicarte.

La comunicación conmigo misma es la parte que más me ha gustado, porque es como si tú fueras un libro y vas abriendo una página nueva y leyendo algo en ti que no sabías que estaba ahí.

Me hice muy amiga de la soledad, esa que tanto le temía, terminamos caminando juntas por diferentes pasillos y lugares de mi ciudad natal. De repente, me descubrí aceptándola y charlando con ella, como si me reencontrara con una vieja amiga que está dispuesta a acompañarme en mis aventuras, y se nos empezó a hacer rutina salir al cine, a cenar y a tomar un café o una copa de vino juntas.

Soledad acompañada.
Soledad entreverada entre mi cuerpo.
Soledad que acompaña mi vida.
Dime si es mejor tu compañía que la de algún otro ser que dice estar,
pero no está,
que así como llega así se va.
Soledad, divina compañía que encierras entre tus brazos
a mi cautelosa compañía,
como agua que se escurre entre tu silencio,
como roca dura que no lastima,
solo se siente el golpe lento.
Soledad acompañada.

Soledad entreverada.

Cuánto tiempo, cuántos días,

¿cuántas noches más, soledad?

¿*Cuánto* tiempo más seremos tú, yo y la luna?

Conversar para sanar

En esta oportunidad, me gustaría que juntos reflexionemos en algo que es muy importante para todos los seres humanos y que perdemos de vista muy fácil.

Los seres humanos, a lo largo de nuestra evolución, siempre hemos hecho uso del lenguaje. Lo usamos para relacionarnos con nosotros mismos y con todos los que nos rodean. Lo usamos para las cosas más simples y para las cosas más complejas.

Es una herramienta que usamos toda nuestra vida, pero que llega un momento en que damos por sentado que la tenemos y eso con frecuencia nos hace olvidar la importancia que tiene en nuestro desarrollo personal; en la búsqueda de nuestra plenitud, de paz, de aprender a vivir mejor.

En esta oportunidad, me quedaría satisfecha si todos como lectores nos llevamos la idea de no perder de vista que tenemos una herramienta muy valiosa para vivir mejor y esa herramienta es las conversaciones.

Pasamos por alto las conversaciones. Nos olvidamos de que ahí están y de que podemos aprovecharlas y apoyarnos en ellas para vivir mejor.

En mi opinión, las conversaciones nos sanan porque nos liberan de todo lo que nos está funcionando o no de una situación o una persona.

Los seres humanos tenemos una natural necesidad de comunicación. Desafortunadamente, a lo largo de nuestra formación y de nuestra educación tanto en la familia como en la escuela no nos comparten la importancia de las conversaciones en nuestras vidas. No solo nadie nos explica lo importante que son para nuestra vida. Además de eso, no sabemos usarlas ni apoyarnos de ellas para vivir sanamente.

Fíjate, viendo caricaturas con mis hijos de tres años algo me llamó la atención: están tres amigos y dos de ellos se disgustan porque no se pueden poner de acuerdo para un juego, el tercero en discordia le dice a uno de ellos: «Moy, dile a Chris lo que no te funciona de él», y Ben solo empezó a pensar, pero no se lo dijo, ¡no le dijo nada!

Yo pensé: «¿Esas caricaturas están viendo mis hijos?, ¿eso van a aprender ellos si solo ven esto y yo no me siento con ellos a explicarles?». Explicarles que Moy al no decirle lo que pensaba a Chris dejó pasar la oportunidad:

1. De tener una relación de comunicación asertiva con su amigo.
2. Crear un lazo de confianza con él.
3. Aprender a comunicarse con las demás personas de su vida.

¡Es un deber aprender a expresar nuestros sentimientos y pensamientos!

Cuántas veces nos enseñaron a quedarnos callados y cómo inconscientemente estamos enseñándoles lo mismo a nuestros hijos.

A no ser auténticos, a callar, a no conversar.

No solo nunca nos hablaron de conversaciones, sino de todo tipo de conversaciones. Empezando por enseñarnos a conversar con nosotros mismos. Muchas veces, sentimos que estamos mal cuando conversamos con nosotros mismos. Sentimos que estamos locos o que no encajamos, que no es normal conversar con nuestro yo interior. Y nada más alejado de la realidad. Conversar con nosotros mismos es absolutamente sano y necesario.

Díganme si no es maravilloso conversar con nosotros mismos y modificar nuestros pensamientos y eso nos hace ser únicos entre los demás, porque nos atrevemos sin miedo a ser juzgados, simplemente siendo nosotros mismos.

Entonces imagínate si no tenemos estas conversaciones con nosotros mismos, ni se diga cuando se trata de conversar con las personas que nos rodean. Conversar nos permite comprender al otro y a través de las conversaciones permitimos que el otro nos comprenda mejor.

Es por ello por lo que te voy a dejar las siguientes preguntas. Me encantaría que explores este maravilloso mundo, el mundo de las conversaciones, y compartirte mi punto de vista, de por qué conversar sana.

¿Qué te pasa cuando no dices lo que piensas o lo que sientes?

¿Qué pasa cuando reprimimos nuestras inquietudes, inconformidades, dudas o diferencias?

¿Qué les pasa a nuestra mente y a nuestro corazón con toda esa frustración, molestia, desesperación, angustia, inseguridad, etc.?

Pues todo eso nos hace un daño terrible a nuestra salud física, mental y emocional.

Ante esto, la solución es muy simple: aprovechar algo que ya tenemos a la mano y no volver a perderlo de vista, conversar.

Simple, conversar de aquello que quieres, que no quieres, que te gusta, que no te gusta. Conversar nuestros juicios que es tan importante porque a veces pasamos muchos años de nuestras vidas pensando que el otro piensa lo que nosotros pensamos que piensa.

¿Cuántas veces te has quedado con la inquietud de conversar con alguien y no lo haces? Quizá porque te incomoda, porque no te gusta enfrentarte a una conversación para decir lo que piensas o para decir lo que no te parece.

¿Tienes claras las repercusiones de no tener esas conversaciones?

El no conversar enferma el cuerpo y el alma.

Barrera de dependencia

Acéptate tal cual eres y verás que la transformación surgirá como magia.

Mirna

Te equivocaste, pensaste que yo siempre iba a necesitarte. Así lo pensaba hasta que me desperté después de varios meses, varias noches y sentí mi cama vacía, volteé y ahí estabas tú, con la misma prisa de siempre por llegar a tu trabajo, con esa vibración que yo creo hasta el vecino siente.

Yo desde las siete de la mañana ya estaba de pie, ya fui al gimnasio, ya llegué y ya les di de desayunar a los niños, ya tengo la lavadora sonando y la casa recogida.

Y ahí vas tú con la prisa de llegar y las ganas de huir de tu mujer que está de mal humor y tus hijos que están llorando por ti.

Pues todo el día solos, ellos jugando y travesuriando; yo en momentos feliz, en otros molesta y hasta regañándolos, pero así se pasan los días.

Y sí, diles que yo, Ricardo, diles a las personas que no supe valorarte, diles que no supe reconocer el gran hombre que eres, porque lo eres, pero no conmigo, y diles que por eso me voy, porque tengo a mi lado a un gran hombre. Sí, a un gran hombre que no valora todo lo que he hecho por mantener esta familia unida y discúlpame por no saber ser perfecta, por no reconocer mis errores y por tanta cosa mala que pasó entre los dos. También disculpa esa insistencia por pedirte que estuviéramos juntos, esa imprudencia por pedirte amor cuando no te lo daba yo tampoco, el querer arreglar lo que ya estaba mal desde que empezó, dices tú. Pero empezó y ahora que se acaba solo te digo gracias y adiós.

Una de las barreras más difíciles a las que me enfrenté fue la de la dependencia. No sabía cómo ser independiente y me costó mucho trabajo salir a enfrentarme al mundo y empezar mi propio camino.

Debo confesarte que de la etapa de separación a la etapa de independencia económica tardé un año. La dependencia se da de muchas maneras: afectiva, económica, social.

En mi experiencia, la dependencia económica fue un gran reto, porque gradualmente fui perdiendo muchas cosas: fui perdiendo el carro, fui perdiendo el estilo de vida como el colegio de los niños, actividades recreativas, gimnasio, etc., y con ello tuve que empezar a conseguir un empleo, el cual traía como consecuencia desprenderme del cuidado de mis hijos para empezar a trabajar.

Y es así como dentro de mi autoconocimiento se van desmembrando partes de mí que empiezo a explorar, mi nueva rutina: despertar, cambiarme, arreglar a los niños para la escuela, dejarlos llorando muy temprano, manejar al trabajo en un carro que no marca el tablero de la gasolina y varias veces me dejó tirada, llegar a mis reuniones, hacer llamadas a las personas conocidas y desconocidas para venderles mis productos, correr a la escuela a recoger a los niños, cocinar y comer con ellos, subirlos al carro para llevarlos a cuidar y regresar a trabajar por la tarde, recogerlos en la noche, llegar a bañarnos, cenar y dormir.

Así fue como empecé a dejar de depender económicamente de Ricardo.

Así como tienes el derecho de existir en el mundo, también tienes el derecho de quebrarte, de romperte en mil pedazos, siempre y cuando eso mismo te dé la fuerza para buscarte para encontrarte y encontrarte frágil, caída, tirada, tropezada. Una vez así tan frágil como una hoja de papel, reconstruirte viva, pegar esas piezas con el más puro amor, el propio, y construir la más bella obra de arte que ni Picasso pudo hacer, tu obra, tu mejor obra de arte, tu ser, tu esencia, tu fragilidad, tu vida misma con su pasado y su ahora.

Acéptate tal cual eres y verás que la transformación surgirá como magia.

Tal cual lo describo en este verso, así me sentía, cansada y a veces decepcionada, llorando en la esquina en que se quedó el carro sin poder encender. Sin embargo, había una diferencia muy notoria en mí, mis emociones eran diferentes, ya no era llanto con rabia y con reclamos a la vida o a Dios o las personas. Era un llanto de agradecimiento que me impulsaba y me daba la motivación para salir adelante, con el empuje y la valentía de que ahora yo sé quién soy, reconociéndome frágil, abrazando cada emoción y cada lágrima.

Daniel y David estuvieron en una de esas ocasiones que íbamos rumbo a casa y en su inocencia hacían preguntas, como «mamá, ¿por qué ahora tenemos un carro viejo?».

Ahora sabía contestar asertivamente, explicarles con paciencia y sabiduría, sin lastimarlos y sin herir a nadie.

> Cada lágrima, cada apretón de garganta, cada retorcijo en el estómago por rabia, por despecho, por desamor, me han hecho la mujer que soy ahora.
> Cada caída es una levantada con más intensidad, con más aprendizaje del que jamás imaginé, el de superar mis miedos a estar sola, mis apegos, el de demostrarme a mí misma lo que soy y lo que quiero.
> Cada susurro en mi oído de «todo va a estar bien» proviene de mí misma, de mi Dios interior, ese que no me deja caerme jamás, ese que me da el impulso y la valentía de luchar cada día.
> Seguir atenta a mi voz interior es escucharme, es valorarme, es sobreprotegerme y amarme cada día más, es cuidarme, es darme cuenta de que no soy capaz de abandonarme ni un instante.
> Es saber que si me tengo a mí tengo todo.

Con el corazón en la mano, te digo: di, habla, expresa lo que sientes. Empieza a ti mismo a decirte y a hablarte. Pídete perdón por las veces que te has fallado, que te has hecho promesas y las has incumplido, por juzgarte a ti mismo, por no saber reconocerte el ser humano que hasta el día de hoy has sido.

Poco a poco empezarás a poder comunicar asertivamente lo que sientes a los demás, en el trabajo para tener un ambiente laboral ameno, con tu familia para mejorar relaciones familiares y en la pareja para formar el mejor equipo.

Muchas veces es difícil instalar en nosotros ciertas cosas como esta y hacerlas parte nuestra, pero, una vez que empiezas a tomar la rutina de comunicarte, irá fluyendo en ti con más fuerza.

Empieza por cosas sencillas. A mí me funcionó ponerme frases positivas y cosas que sentía hacia mí en el espejo en que me maquillaba y peinaba todos los días. Es como un recordatorio, es como una cita. Pon tu alarma, escríbete tu carta y lo que tú quieres y necesitas trabajar en ti. Es así la manera en que empecé a hacerme consciente y expresarme, primero conmigo misma, por consiguiente, con mis hijos y, de esta manera, poco a poco lo empecé a hacer con otras personas.

La vida es cortita, es simple. Aprender cosas nuevas es un método sencillo para vivir disfrutando de lo que hay en ella.

Parpadeaste y estás en febrero.
Y entre parpadeos y parpadeos se nos van los días y las noches.
Entre parpadeos, estás en otra estación, en otra sintonía,
en otra reunión social, con personas distintas.
Entre parpadeos, está la luz y la chispa de la vida.
Entre parpadeos, me encuentro yo cada mañana
diciéndome lo maravillosa que soy,
agradeciendo a Dios por un día más frente a mis ojos.
Entre parpadeos, te encuentro a ti leyendo estas líneas
y aquí está la vida,
ahí está el aprendizaje humano.
Entre parpadeos, existes tú y existo yo.
Y qué bonito es amar entre parpadeos,
abrir los ojos y verte ahí, tan cerca, tan cerquita de mí.

Y llegaste tú y contigo llegó el otoño,
inesperadamente resplandeciente como una luz que guiará tu camino,
tan frágil y bonita como la nieve de diciembre.
Tus ojos reflejaban ternura y serenidad
y así como llegaste a este mundo sin avisar
ansiosa de vivir y con tu llanto anunciabas tu presencia,
con tu risa también contagiaste de entusiasmo a los demás.

Empezaste tu búsqueda de la felicidad y esta es tu vida,
un bodoque de 4.800 kilos que hoy celebrará un año más.
Hace veintinueve años tu vida empezó a brillar
y sigue y seguirá aun cuando no estés,
porque la vida es el amor
y el amor es el que perdurará por siempre y para siempre.

MIRNA

Hay algo dentro de este círculo de dependencia que yo lo nombro «miedo a ser», a ser lo que siempre quise ser. Y, conforme fui descubriéndome, descubrí también que las mujeres somos fuertes porque amamos con intensidad, porque nos entregamos en cuerpo y alma. Las mujeres fuertes somos únicas, somos sinceras, sonreímos sin pena, hablamos sin miedo, somos libres.

Y que a veces tampoco tengo ganas de sonreír, de sentir, de luchar, de persistir... No hay ganas de nada más que de quedarse en la cama, con la cobija enredada, de quedarse en casa, de no ver ni escuchar a nadie, de no mostrarle tu cara al mundo por no regalar falsedad, algo que no sientes, pero es parte de nuestra magia emocional y lo más bonito es sentirte y apapacharte a ti misma cuando lo sientes.

Crecí y viví al lado de una familia que a su manera me amó incondicionalmente.

Crecí feliz, jugando en el lodo, rodeada de naturaleza y gente buena.

Tomé mis propias decisiones.

Cumplí mi más grande anhelo que desde pequeña soñaba: ser reina de belleza.

Disfruté mi juventud sin prisa, sin reclamos; conocí amistades de buenas y de malas intenciones.

Me casé idealizando la idea de matrimonio; cumplí otro de mis más grandes sueños de la infancia: ser madre de gemelos.

Dios, ¿qué yo te he pedido que no me has cumplido?

Lo digo y lo he dicho siempre, soy tu hija la más consentida... Me siento tan dichosa, tan plena.

Pero decido seguir mi cauce, como un río. Hoy voy a viajar a un lugar desconocido. Me voy a aventurar a conocer nuevas personas, nuevas caras, nuevas costumbres. Y quiero mostrarles a mis hijos lo valioso que es disfrutar la vida. Quiero mostrarles que nada vale más que la lealtad; que nada vale más que una sonrisa que nace del alma; que nada vale más que un abrazo; que aprendan a sentir con amor, a bailar sin pena; que se atrevan a tener esas conversaciones difíciles; que sueñen lo imposible y lo cumplan; que sí se pongan metas y que ambicionen cumplirlas; que jamás dejen ir al amor de su vida por miedo o por pereza.

Quiero que en mi último suspiro me regalen la dicha de ver satisfacción en sus caras, que me regalen la dicha de saber que son hombres con valores y con principios porque somos como una huellita en la arena.

Somos arena que se borra de este mapa, pero también somos agua.
Llegamos a nuestra existencia
y brotamos del agua más pura que existe en la naturaleza humana.
Cuando inhalamos el mundo,
gritamos de desesperación para respirar ese aire
que de ese momento en adelante nos oxigenará.
También somos aire que nos invade el cuerpo, nos envuelve,
nos invita a respirar y a poder vivir,
pero algo pasa más adelante que nos volvemos fuego,
ese que nos impulsa.
La rabia que sentimos,
la sangre caliente que corre por nuestras venas.

También somos fuego,
que tiene el poder de arrasar con todo a su paso.
Somos seres humanos,
complicados para vivir, imposibles de comprender, fáciles de
descifrar,
únicos e irrepetibles seres humanos de cuatro elementos,
de un solo corazón,
una huellita en la arena que dejamos cuando partimos de este
mundo,
porque llegamos en agua y partimos hacia la tierra.

Este libro para mí significó romper esta última barrera, «el
miedo a ser lo que siempre he querido ser». Desde niña soñaba
con modelar en un escenario y ahora creo que no estaba tan
perdida. No cabe duda de que cada uno tiene su propósito en la
vida. Ahora mi sueño es mostrarle al mundo un pedacito de lo
que yo he aprendido en mi viaje, pero lejos de exponer mi belleza
física, estoy abriendo la intimidad de mi vida y mi aprendizaje
humano porque hoy en día me doy cuenta de que uno de los
regalos más hermosos que me he dado a mí misma es haberme
dado la oportunidad de descubrirme a mí misma, de descifrar mi
propia esencia: ¿quién soy?, ¿por qué estoy?, ¿hacia dónde voy? Y
no lo niego, ha sido el trabajo más difícil de mi vida; sin embargo,
el más satisfactorio.

Había enumerado un sinfín de veces mis sueños: viajar a
conocer el mundo; comprar una casa, un auto; estudiar una
carrera, después una maestría; conseguir el trabajo exitoso, con
ellos convertirme en una mujer empresaria, reconocida. Eso me
llevaría a ser feliz, ser exitosa, elegante, quería inspirar. Pero había
algo que nunca me detuve a pensar, ¿cómo lograría esto? Y en
la intimidad de mi interior, en mi reflexión nocturna, lo veía, lo
pensaba y cada vez estaba más lejos y más lejos aun cuando me

convertí en mamá y me instalé en mis miedos más profundos: yo nunca voy a dejar a mis hijos, una buena madre no descuida, yo sí los voy a apoyar a cumplir sus sueños. Y empecé a anhelar una vida llena de logros y de ideales para mis hijos, porque si la madre no pudo cumplirlos, ellos con el sacrificio y el apoyo de la madre sí podrían y ellos serán ejemplares y maravillosos, exitosos y grandiosos. Todo eso idealizaba para mis hijos, pero alguna que otra noche volvía a lo mismo de siempre: los sueños son cosas que anhelamos y no por eso se tienen que hacer realidad; y pasaba largo rato dándole vueltas y vueltas a esto. ¿Sabes una cosa?, los sueños sí son eso, sueños, pero a medida que deseas algo el inconsciente trabaja para que no descanses y no te vayas a la cama sin antes pesar «¿qué me falta para lograrlo?».

Sí, efectivamente, me faltaba algo muy importante: creer en mí, creer que podía hacerlo y no solo por hacer, conectarme con esto que tanto quería. ¿Y sabes que llegué a la conclusión de que nací para esto? Estoy sentada escribiendo el capítulo de este libro y si algo de aquí te hace clic, te conectas y ahora tú sabes que es ese algo en especial, algo para dar al mundo, rompe esa barrera del miedo a ser lo que siempre has querido ser, el sueño de aquella niña, la inquietud de la adolescente, las ilusiones de la joven y ahora de la mujer.

Una incomodidad en mi vida, un no sentirme cómoda en una zona tan cómoda, esa simple inquietud me ha llevado y me tiene en espacios inimaginables, a la admiración por los conferencistas cuando estudiaba mi carrera profesional. Yo los veía y decía: «Yo quiero ser como él». Admiraba mucho a las mujeres que se paraban en un escenario y esa inquietud que siempre me acompañó es la que me ha movido siempre. Ese impulso de saber que tengo algo para entregar al mundo, algo para compartir con los demás que no es solo mío, me movió por lugares distintos, lugares de luz y de sombra.

He vivido por veintinueve años en este mundo tratando de encontrar un para qué y, ¿sabes una cosa?, me dio tanto miedo tenerlo enfrente y no saber cómo recibirlo que varias ocasiones quise renunciar a ello. Y siempre encontraba la excusa perfecta, como siempre.

Te voy a contar una anécdota de una vez que estuve a punto de renunciar a un gran sueño.

Llegó la fecha de asistir a mi tercer encuentro de la certificación como *coach* integral, después del módulo ontológico, después de conocer y vivir un poco las distinciones de ese módulo y después del laboratorio de ontología que me dejó una gran sacudida con muchísimo aprendizaje sobre mi ser, que me mostró el cómo todo ese tiempo estuve comunicándome de manera errónea y, aun así, obteniendo logros en mi vida, no los deseados, pero lo que me tenían en donde actualmente me encontraba. Un día antes de ese tercer encuentro dije: «No voy sin avisar a nadie, nomás no llego y se acabó, esto no es para mí. ¿Cómo voy a sostener a otro ser humano si no soy capaz de sostenerme a mí misma?, ¿cómo?».

Muy pensativa, hice mis maletas y, cuando ya iba en camino en el auto, tuve un impulso de retornar y lo hice, tomé el regreso a casa. Y, de regreso, llegué a la gasolinera, se acercó una chica de unos veintiún años ofreciéndome un producto de limpieza para los cristales.

Me dijo:

—Estoy ofreciendo este producto de limpieza para tu auto y tus cristales, ¿te lo muestro?

Le dije muy escéptica:

—Días atrás ya me lo mostraron. Gracias.

Yo dije eso porque no quería escucharla ni me interesaba su producto, tenía mil cosas en la cabeza antes que eso. Ella hizo un movimiento de hombros, se encogió.

Me dijo:

—Está bien, gracias.

En ese momento, me di la media vuelta y tomé la carretera rumbo a mi destino a ese programa de formación integral de *coaching*. Empecé a llorar y llorar y me dije: «Una vez más estás renunciando, pero esta vez a la oportunidad de tu vida. Esta vez estás renunciando a lo que sabes que es lo que has buscado todo este tiempo en la vida», y exagero en esta parte porque lo es. Esa simple acción de esa chica me hizo regresarme a concluir el módulo de estudio de *coaching* y, reflexionando, me fui. Así como esa chica se rindió ante mi comentario, yo me estaba rindiendo ante la oportunidad de ser quien quiero ser, de conectarme con mi ser. Ella pudo haber dicho: «Lo que usted no sabe es que yo se lo mostraré de la siguiente manera». A fin de cuentas, ella no sabe quién ni dónde, ni siquiera sabe si lo que yo creí que ella traía era el mismo producto que ella tenía para ofrecer.

¿Por qué vuelvo a este tema de la chica? Cuántas veces renunciamos a algo en nuestra vida sin siquiera saber si es o no es, sin preguntar: «Oye, ¿el producto que te mostraron se llama equis? Porque mira, aparte de que equis limpia y pule los cristales de tu carro, también limpia y pule los rines y es porque ya estás en el carro demostrándolo y mira, aparte de utilizarlo en el carro, puedes utilizarlo en la herrería de tu casa, ve lo que hace».

¿Cuántas veces en la vida nos dejamos desanimar por los demás?, ¿cuántas veces en la vida nos dejamos a nosotros mismos renunciar tan fácil a lo que queremos, sin antes preguntarnos nada? Solo renunciamos.

Pues así de esa manera llegué a mi encuentro, donde la frase con la que nos recibió el *coach* fue «no renuncies a lo que sabes que es para ti» después de platicarnos una experiencia que él tuvo muy muy similar a lo que yo acababa de vivir camino acá.

Esa mañana declaré para mí, para mi vida y mi familia apertura en mi vida, conexión total con mi ser, larga vida y salud para mí y mis hijos, abundancia en mi hogar, paz en mi vida. Declaré armonía en mi ser, seguridad, una conexión enorme y hermosa con mi grandeza. Declaré ir por la vida que quiero que deseo y que merezco y nada me detendrá a ir por lo que más quiero.

«Apertura» es una palabra tan significativa en mi vida porque me enseñó a abrirme un camino de posibilidades a pesar de lo que estoy pensando. Con apertura me he invitado muchas veces a revisar mis pensamientos (juicios) y abiertamente darle entrada a lo nuevo, a lo desconocido, a lo diferente.

Jamás pienses que se te está yendo el tiempo,
porque bonito, qué bonito es salir a la calle y sonreír con una persona.
Qué bonito llegar a un lugar
y sentirme que los demás disfrutan de mi presencia.
Qué bonito irradiar buena vibra.
Qué bonito contagiarte de mi alegría.
Qué bonito poder contribuir a que alguien se sienta bien
con una palabra, una sonrisa o un simple gesto.
Qué bendición poder coincidir en esta vida.

Cuando empiezas a ver el mundo para aprender algo es como una luz encendida en tu interior. Cuando empiezas a ver a las personas como el yin y el yang, no juzgas, solo observas sus acciones y aprendes de lo bueno y de lo malo. Esto es solo amor, amas los defectos y amas las virtudes porque de ambas aprendes. Solo es mirar a través de tu amor sus momentos, entendiendo sus comportamientos, y eso es lo que nos hace humanos.

Es esa luz encendida en cada uno de nosotros. ¡Es nuestra intuición! Sentir esa luz es lo que me hace sentirme especial entre todos, es sentirme en el camino correcto, el de la sabiduría, el del amor. Es entenderte para entenderme, lo que soy, lo que eres. Creo que vine aquí por un motivo y lo siento cada vez más cerca.

Cerrando ciclos

No sé si es ella o el sol, pero son una mezcla extraña entre frío y calor. Son como dos brillos incandescentes que me amarran a brillar, ahora descubro que ella soy yo.

MIRNA

Quiero estar sola con mis propias garras, con mi locura,
con mi pasión, con mi amor.
Quiero compartir conmigo mi propia locura;
ser yo quien decida mi rumbo, mi destino, mi soledad.
Quiero sentirme a mí misma cuando callo;
cuando cae la noche y hago un recuento de mi día,
de mi rutina, de mis tristezas y alegrías.
Soy yo la única dueña de mi tiempo, de mis quehaceres, de mí misma.
Ser yo quien abrigue mi propia alma
cuando tiembla de frío,
cuando sollozando en un suspiro puedo tirar
y explotar todo lo que no me sirve.
Soy yo misma y mi soledad.

Te quiero cuando gritas, cuando callas, te quiero así.
Te espero tan serena, tan sincera,
con el corazón lleno de mí, libre para ti.
Te deseo naturalmente,
sin espejos, sin complejos, sin ropa,
solo tú y el aroma natural de tu piel.

Al empezar a escribir este capítulo, «Cerrando ciclos», me empecé a dar cuenta de que cerrar el ciclo significa dejar todo para tener todo de ti. Por eso después de cerrar ciclos empieza algo maravilloso que se llama amor propio, mi definición de amar. Para mí cerrar ciclos fue empezar un romance, el más bonito que jamás había experimentado.

Fue así que me di cuenta de que en esta etapa de cerrar ciclos de soltar y fluir ya estaba conmigo, estaba yo en mí y es muy extraño porque me descubrí amando. Sí, me descubrí amándome a mí y me descubrí cantando una canción y sintiéndola tan mía que la estaba cantando para mí. Escribí los versos más bonitos que eran para mí y así, sin más ni menos, el resultado fue el siguiente.

«Encontrarte»
Y entonces un día te pedí con tantas ganas a Dios, al universo, a la vida...
Y, de repente, apareciste, así de la nada,
estabas ahí, de frente a mí.
Y eres lo que tanto había soñado.
Eres lo que siempre me preguntaba si llegaría.
Eres lo mejor que me ha pasado.
Y ahora solo quiero ser lo mejor para mí
para poder estar siempre junto a ti.
Soy yo lo mejor que he encontrado en mi vida.
Gracias por siempre estar, por perseverar y alcanzar,

por soñar, por mirar bonito, por querer bonito,
por ser lo más bonito que existe en este mundo.

Gracias a los aprendizajes adquiridos en esta vida, lo que me ha dado la madurez para aceptar y para soltar y para fluir y también para dejar ir.

El tiempo es el encargado de acomodar todo en su lugar, como unas piezas de ajedrez.

Que se mueven por el tablero recorriendo todo el lugar, dejando espacios vacíos cuando hacen una mala jugada.

Agradezco lo que llega y también cuando se va, porque eso era lo que tenía que pasar para que en mi vida una pieza de ajedrez dejara su vacío y yo aprendiera a estar sin ella.

El amor es infinito.
El amor cuando es perfecto espera y no abandona,
no desespera ni traiciona.
El amor es como una cita interminable,
que hablas, hablas y hablas y te sientes escuchado,
nunca te enfadas.
Es una luz en medio de la oscuridad,
es un rinconcito pequeño y espacioso en el que cabe la calma,
en el que no sientes miedo, solo se ve el alma.
Algunos dicen que no existe,
otros dicen que es indescriptible.
Yo puedo describirlo cada vez que te miro,
cada vez que escucho tu respiración cuando te acercas a mí.
Lo veo en tu serenidad, en tu calma;
lo siento cuando buscas mi mirada.
Loco, sereno y apasionado:
así es el amor.
Algunos dicen que se acaba.

Yo lo veo interminable.

Lo veo de por vida en tu vida y la mía.

Lo veo en equilibrio cada vez que llega la ira y el desconcierto.

Lo veo interminable cuando al final lo que nos vuelve a reunir
es el mismo amor,

la misma sed, las mismas manos que se aprietan sin cesar,

queriendo no soltarse jamás.

El amor es esa delgada línea que nos define como uno solo juntos
y hasta el final.

El amor propio es chistoso porque también viene acompañado de una serie de actitudes que ya no toleras, aprendes a ver muy
bien a las personas a tu alrededor y esto significa que no vas a
aceptar menos de lo que a ti te ha costado tu trabajo personal.

Llegué a una etapa de mi vida en donde soy yo, mi paz, mi
seguridad y mi amor. Yo en mi espacio personal de encuentro
conmigo misma me di cuenta de que había evolucionado tanto
cuando empezaron a llegar personas a hablar conmigo, a relacio-
narse conmigo y si no tienen algo hermoso, algo interesante que
aportar a mi día, a la vida o a la conversación, simplemente con
respeto escucho, analizo y me marcho.

Ahora soy yo misma quien no le va a otorgar el derecho a
nadie de robarme mi paz y mi tranquilidad, así que no permito
que descargues conmigo la frustración que tú solo te generas. No
me interesa saber cosas banales, no me interesan conversaciones
que no tienen alma. Porque lo que de la boca sale del corazón
proviene.

Y pensar que por todo lo que he pasado me ha hecho la mujer
que soy ahora.

Nunca imaginé que iba a aceptar mis errores del pasado que
yo misma me propicié por no tener cuidado, por no saber darme
el valor, por no saber verme la mujer que soy, que nací con un

propósito en la vida, admirarme y aceptarme con todos mis defectos y, obviamente, con mis muchísimas virtudes.

Amarte es verte a ti mismo como la creación más hermosa que existe y si algún *día* me dijeron no sirves para nada, eres una tonta, llegaste al final por accidente. Cuando me despreciaron por ser alta, por ser delgada. Cuando me dijeron no sonrías porque coqueteas, no camines espigado porque te miran, no llores en público, te ves loca. Cuando me dijeron no te vistas así, no mires, no respires, apágate.

Cuando me dijeron deja de pensar y actúa, me quedé como una estatua, tan fría, tan rígida. Me sentí vacía y así quedé, vacía por dentro. Es como si un escalofrío hubiera recorrido mi cuerpo y se apoderara de mi otro ser, el que me dijo no eres tonta, si sonríes brillas, si te acomodas en la silla brillas, cuando caminas brillas, cuando te paras y sonríes deslumbras, cuando hablas todos callan, quieren escucharte.

Y hoy, yo quiero que te pares y que te observes, que camines, que sonrías, que deleites al mundo con tu presencia, con tu gracia, con tu vibra, porque eso generas en las personas cuando te amas, que todos quieran ser parte de ti, de tu círculo, porque los contagias de amor, de alegría porque provocas en ellos las emociones que no conocen, porque eres tú, eres la fuente misma, esa que se genera cuando hay una combinación que llama conexión, conciencia y tu ser.

Esa que destella tu cuerpo cuando sientes y cuando hablas.

Y sonríe, que la vida no es eterna y el alma un día se nos va a pagar, pero tu sonrisa de la mente de los demás nadie, nadie se la puede llevar, nadie la puede borrar.

No duele, ¿sabes? Ya no existe el rechazo, porque de ahí vengo, porque esas heridas formaron el ser humano consciente que soy ahora. Todo eso es lo que yo tenía que sanar en mí para poder verme y aceptarme tal cual perfecta e imperfecta soy.

Te mereces el cielo, te mereces lo más divino, te mereces que te canten al oído, ¿escuchaste? Te mereces lo más hermoso de este planeta, te mereces más de lo que te puedas imaginar o soñar para ti misma. Eso, lo impensable, lo sublime, lo que te *pasó* por la cabeza. Te mereces que te superen las expectativas que hasta hoy has deseado para tu vida. Mereces lo armonioso, lo místico... Jamás aceptes menos de lo que tú no te puedas dar a ti misma.

Lo entendí y dejé de hacer lo que todo el mundo hace. En este punto de mi vida, dejé de sentirme atosigada por las reglas de su sociedad, empecé a disfrutar de mi compañía y abrazar mi soledad, dejé de pensar en el qué dirán, soltar las creencias de mi familia y eso me regresó mi libertad.

Creo firmemente que cada ser humano en este mundo tiene su propio aprendizaje en la vida, sus diferentes formas de ver el mundo, su destino por así decirlo. Así que decidí dejar de complicarme el mío y si en el camino me cruzo con una persona con quien compartir este amor que he encontrado en mí puedo compartir un espacio y dar lo mejor para mí misma, esta es mi manera de amar.

Vamos a hacernos libres, ¡vale!
Vamos a hacer de tu vida y de la mía un vals,
una travesía, un susurro de la noche.
Vamos a disfrutarlo, vamos a calmarnos.
Vamos a vivir palmo a palmo lo que la vida nos regala.
A sentirlo con dicha, con amor, con valentía.
Vamos a sonreír por nuestras tonterías.
Vamos aprendiendo a jugar con nuestros enojos,

a vencer a nuestros rivales.

Vamos a utilizar nuestras armas más valiosas a nuestro beneficio.

Vamos a unirnos, a complementarnos, a hacer un grandioso equipo.

Vamos a apoyarnos en vez de fallarnos.

Vamos a ser amigos y grandes confidentes.

Vamos, vamos, vamos...

Te invito a acostarte en la arena y escuchar el ruido de las olas del mar,

te invito a contar las estrellas cerca de mi oído.

Te invito a sentir tu corazón muy cerca, muy cerquita del mío.

No temas, solo ten calma.

No estás sola. Si no te tuvieras a ti misma, te lo digo, estarías muerta, sí, muerta en vida. Las trabas, los problemas en la vida surgen a cada momento y yo a cada momento me demuestro a mí misma que cada uno de esos momentos que vivo mi corazón palpita, cuando busco soluciones, cuando me apoyo a mí misma, cuando alguien me dice no. No se me cierra una puerta, se me abren mil posibilidades de cómo resolver el sí puedo y me sorprendo cada día a mí, a mi capacidad de reinventarme en la vida y de disfrutar mis problemas sin molestarme, sin juzgar sus porqués. Me di cuenta de que si tengo problemas y tengo mil soluciones es porque vivo y mientras siga aquí mi lucha será incansable para mí, para mis hijos y mi legado. Todo por darme cuenta de que no estoy sola, me tengo a mí misma.

Y es así como la conciencia te va regalando conciencia. Al entregarte, al amarte, empiezas a necesitarte a ti para ti misma, empiezas a abrir los ojos pensando en ti y con él tu bienestar.

Que Dios bendiga tu manera de aprender,

tu manera de ver la vida,

tu corazón,

tu alma.

Que tu Dios interno te lleve algún día al entendimiento propio,

a tu aprendizaje humano,

y que en el camino tus tropiezos no sean fuertes,

que siempre encuentres algo que amortigüe las caídas,

esas tan duras que nos da la vida.

Ojalá que tus sueños y anhelos se realicen y alguna lucecita ilumine tu camino, porque en el fondo creo en tu inocencia, en la pureza que en nuestra alma tenemos.

Te deseo de todo corazón que todo lo que tú crees que te ha pasado malo lo conviertas en el mayor aprendizaje que te da la vida y se revierta en amor, en compasión, en empatía para ti mismo, para que tengas que darte a ti y a tu familia.

Hoy entendí que todo lo que siento es por mí.

Todo lo que me pasa se deriva de mis decisiones.

Hoy aprendí que en la vida todo lo que decides decir

o hacer va a marcar el rumbo de tu vida.

Lo que yo digo y hago es lo que crea mi realidad.

Hoy elijo elegirme a mí antes que a nadie más.

Hoy elijo amarme a mí antes que a alguien más.

Hoy elijo analizar mis pensamientos y revisar mis acciones,

pues de ellas depende *cómo* me voy a sentir mañana.

Hoy quiero hacer todo lo posible por hacerme sentir feliz

lo que me resta de días.

Hoy elijo empezar a reír con más frecuencia.

Elijo empezar a cuidar mi salud.

Sin duda alguna, me he dado cuenta de que no existe la suerte.

Existen las personas

y están ahí simplemente con buenas y malas acciones.
Y yo he tenido, sin duda, en mi camino a las primeras.
Tan solo estaban ahí,
preguntando cómo estás, qué necesitas.
Y es tan raro porque puedo mirarlos a los ojos
y sentir la calidez de su alma.
Puedo verlos y pensar por mucho tiempo lo afortunada que soy
por tan solo compartir su compañía
y solo siento emociones bonitas
como gratitud, nostalgia, felicidad...
Escuchar sus historias,
saber que se escribió una historia por varios años
en donde ahora puedo estar yo,
compartiendo con ellos parte de su seguir escribiendo esa historia.

Sigue reencontrándote a ti misma. No te voy a decir que todo será perfecto, que vivirás en un cuento de hadas, pero tú sí puedes aligerar tu camino. Cuando te sientas perdida, búscate y encuentra tu lugar, encuentra tu paz. Ama tu tranquilidad y abraza tus emociones. Tan solo cierra tus ojos, respira profundo y regresa a ti, cruza tus brazos y abrázate, siente tus manos, sonríe para ti.

Conócete a ti misma y mágicamente conocerás todo lo que se te presente, tus ojos brillando más que nunca, tu ego descansando de todo mal sentir que conozcas, tus pensamientos negativos podrán cancelarse más a medida que lo practiques.

Y escúchate, habla con tu voz interior, contigo misma, porque déjame decirte que la relación más bonita que puedas tener en la vida será contigo misma.

Amo cada centímetro de ti porque por ti yo soy.
Amo cada sonido que palpita sobre mí.

Desde que soy no envidio a nadie.

Desde que soy vibro con luz propia.

Desde que soy amo con locura.

Desde que soy soy yo

y eso es lo mejor que me pude regalar a mí misma.

La tranquilidad de verme

y ver a los demás en su propio yo.

Eso de quererte a ti mismo es una lucha

igual que la de enamorarte de otra persona.

Te confieso que siento miedo y dudas,

revoloteo en el estómago.

Me doy cuenta de quién soy,

inevitablemente hago juicios.

Me encuentro cantando una canción de amor

y al pensar en mí una extraña sensación me invade.

Me sonrojo y siento el vacío en el estómago.

Esta vez pienso en mí y me asusta

y, a la vez, me gusta.

Ver lo bueno en mí me encanta.

Ver lo malo en mí me extraña.

Pero lo abrazo de igual manera.

Pues es por mí que he llegado a mí,

es por mi manera tan extraordinaria de lanzarme

a descubrirme a mí misma.

Mi piel tiene ese aroma que nunca había prestado atención.

Mis ojos marrones no son tan comunes como yo había pensado

todo este tiempo

y es por mí que me encuentro aquí reencontrándome

y viéndome tan bella, tan imperfecta, tan humana,

tan única como siempre anhelé.

Entiendo que el amor es un estado
en el que te encuentras o simplemente no te encuentras,
o te amas o no te amas,
¿por qué?
Porque el amor empieza por mí primero.
Todo lo que yo soy para mí seré para los demás.
Al empezar a amar, me empiezo a soltar todo lo que me impedía
no amar a nadie más.
Por eso al amor es un estado.
Estar en amor es vivir amando,
empezando por mí mismo y seguido por todo lo demás.

Qué noche la que me regalas hoy,
qué afortunada soy por poder ver la luna
un día más frente a mis ojos.
¡Qué noche!, ¡qué luna!
¡Qué vida la mía tan bella que me ha tocado vivir!
Noches tan frías, de cálido cuerpo oscuro y vibrante.
Noches que celo con fuerza, con valentía.
Noches solas, calladas.
Son estremecedoras y largas.
Son las que estrechan el cuerpo en deseo entre sábanas.
Mis noches son calladas.
Mi amor ya no tiene calma.
Mi cuerpo es mi refugio
y el único que soporta mi ira y mi calma.
Mi vida está llena de vida y de deseo que lo calma.

El viaje

Elegir a nuestra gente es lo más cercano a controlar nuestro destino. Mientras todo lo demás puede cambiar, si eliges bien, tu gente no cambiará ya sea esta noche, dentro de un año o de diez años.

RANDALL, *THIS IS US*

Y un día estás ahí, sin saber, mirando esa habitación desconocida, nueva, diferente y asomas la vista por la ventana y respiras un aire diferente, fresco y te gusta. Es un gusto nostálgico, es una manera de amar extrañando, es una manera de recibir lo bueno y extrañar, ¿por qué no? Lo que tuviste en el pasado es la manera de agradecer a la vida por colocarte en el mejor lugar.

Y suspiras y amas cada cosa y cada detalle. Si llegan las lágrimas, te permites sentir todo porque ahora sabes que no es dolor, que es amor.

Llorar de amor, ¿se puede?

Solo pienso que hace un año esa noche guardé mi sueños e ilusiones en esa maleta, levanté mi cara hacia el cielo y le dije a

Dios: «Aquí va todo, no llevo nada más. Aquí están guardadas mis ganas de vivir desde mañana en adelante un día a la vez».

No tuve tiempo de sentirme sola
ni de llorar.
Con una maleta en la mano y un par de bebés en la otra,
me tuve que apurar.
No había tiempo de hacerme la víctima,
de encerrarme en casa llorando por lo que no fue.
No tenía un plan.
Tuve que aparentar ser la más fuerte ante la mirada de mi padre,
anudar mi garganta para defenderme mientras seguía caminando.
No pensaba.
Si lo hubiera hecho, habría llorado todo el tiempo.
Y los ojos de un bebé no esperan.
Ni su estómago.
Ni sus enfermedades.
Ni la escuela.
Ni su corazón.
Hay momentos en la vida,
vida de la misma vida,
amor que te da tristeza,
tristeza que te brinda compasión.
Momentos que la vida me ha brindado lo que más quería.
Otros que en la misma y un abrir y cerrar de ojos me arrebató
lo que tenía.
Qué son las lecciones, qué es la sabiduría,
si no somos nada en este juego de la vida.
Solo sé que cada paso y cada día es una nueva oportunidad.
AUTOR DESCONOCIDO

Sí había lágrimas de nostalgia por dejar la tierra que me vio nacer, sí había miedo por no saber a qué iba o qué rumbo tomaría mi vida. Y así, dispuesta a todo y sin saber nada, emprendí el nuevo camino de mi vida, el único que hasta hoy he conocido.

Y agradeciendo siempre a Dios, al universo, a la vida por ser tan buena, tan generosa, tan maravillosa conmigo y, sobre todo, por poner siempre a las personas correctas en mi camino.

Y fue así como llegué al país del *American Dream*. Ningún viento me arrastró, yo me coloqué en este lugar con mis decisiones.

Limpiando casas fue como empecé a agarrar el ritmo de la rutina de mi nueva vida y fue aquí una etapa muy interesante y un parteaguas en mi vida porque me fui dando cuenta una vez más de qué quería en la vida.

Un nuevo quiero, abrir un nuevo horizonte. Me di cuenta de esto el día que me descubrí en mi zona cómoda renunciando a mi propósito. Me dejaba envolver por la rutina, ya no escribía, estaba dejando de lado mi pasión y sumergiéndome en la rutina.

Sin embargo, envuelta en ese silencio y esa con la que estaba limpiando una ventana o aspirando una carpeta, me daba mucho tiempo para pensar y entonces seguí escribiendo así...

Te extraño.
No quiero decírtelo cada que lo siento porque te extraño cada despertar,
te extraño mientras estoy tomando café.
Te extraño cuando voy mirando por la ventana del carro,
mientras camino al trabajo.
Te extraño mientras estoy mirando por esas ventanas tan grandes y lujosas
que tienen una vista espectacular al mar,
al lago o a la inmensidad del tráfico en el *freeway*.
Te extraño en cada canción que escucho y me recuerda a ti.

Quisiera contar las veces que te extraño al día
para sorprenderme de que,
mientras no esté a tu lado,
ten por seguro que moriré extrañándote.

Necesito inspiración para escribir.
Necesitaría mirar algunos ojos que, al verme reflejada,
me digan algunas cosas que no sabía.
O mirar algunos labios hablar y,
entre esas líneas que forman cuando gesticulan,
yo describa sensaciones o emociones diferentes en mi mente.
O, simplemente, necesitaría estar unos milímetros cerca de
algunos brazos
o algún cuello que huela rico
para buscar entre el aroma y los lunares
algunas pistas que me puedan llevar a algún paraíso de
inspiración.
Pero, pensándolo bien, estoy imaginándolo
y con solo eso puedo inspirarme.

GRACIAS.

Cada día es una nueva invención y reconexión. Cada día nos inventamos.

¿Tienes idea de cuántas veces he pensado en la publicación de este libro?

¿Sabes cuántos sueños de que estas líneas impacten un corazón hay detrás?

Simplemente, confío en que todo llega cuando tiene que llegar.

«Días»
No hay días correctos ni hay días incorrectos.

Son los días y nosotros pasamos por ellos.

Son nuestros momentos en los que elegimos hacer o no hacer algo.

Cómo pasar nuestros días es nuestra responsabilidad.

Cómo me siento es mi elección.

¿Cómo saber si aciertas o desaciertas?

¿Cómo corriges algo que quebraste?

¿Cómo mis decisiones alteran el rumbo y el destino que tomo en mi vida?

¿Cuándo por primera vez elegí lo que ahora soy o lo que ahora tengo?

¿Qué me trajo hasta aquí?

¿Qué camino tomaré?

¿Qué seguirá para mí?

¿Cómo lo recibiré?

Y la soledad tocó a mi puerta acompañada de unos lindos ojos verdes. Yo ya estaba acostumbrada a todo con ella, tomar café a solas, sonreír a solas, cantar a solas e incluso hablar a solas, pero esta vez decidí intentarlo nuevamente.

Intenté mirarme en tus ojos
y soñé con florecer en una vida contigo.
Quise sonreírle al mundo y llenar sus expectativas,
rellenar cada espacio vacío de mi ser
complementándolo contigo.
Quise formar un equipo y me llené de ilusiones.
Ay, ¡qué fuerte querer y querer!
Creo que suena un poco egoísta de mi parte
cuando no se siente del lado contrario.
Y no me decepciona mi querer
porque soy suficiente para mí.

Solo me doy cuenta una vez más de que me debo elegir.
Que me elijo a mí antes que todo.

Y ahí estaba yo una vez más,
valiente, con la bandera alta,
dispuesta a todo,
libre y apasionada,
amorosa, entregada.
Y lo di todo, puse todo.
Y entonces lloré.
Según yo, lloraba por él,
pero dentro del vacío que sentía
me di cuenta de que lloraba por mí.
Y una vez más tomé mi mano y, en modo de retorno,
me regresé a mí misma.
Y en ese espacio de tristeza
me di cuenta de que quien ama lucha,
quien ama lo entrega todo.
Quien ama llega atravesando fronteras y caminos lejanos,
apostando todo,
arriesgando la suerte, la vida...
Y entonces no era *él*:
era yo con mis vacíos.
Y me fui a seguir sanando en mí lo que veía en otros.

Y en esta etapa de aprendizaje con mucha profundidad que trajo consigo una mezcla extraña y bonita a la vez, porque sabes quién eres, qué sientes, te conoces y conoces tus batallas, reconoces en ti tus aciertos y desaciertos, pero a veces me llegaba una nostalgia de fragilidad.

Y en este tiempo no estuve sola, tuve personas a mi lado que de cierta forma me sostuvieron de una manera muy cálida. Era una etapa donde solo dejaba volar mi imaginación y me sentía como una hoja en el aire. No sabía qué rumbo tomaría mi vida, era una sensación de ¿y ahora qué?, ¿qué sigue?, ¿qué quiero?

Y me marché de varios lugares, viajé en distintas direcciones, valiente siempre, agradecida por los aprendizajes que me dejaban a su paso mis ángeles. Así llamo ahora a las personas que se me cruzaron en el camino.

En una ocasión, una persona me preguntó cuál es mi religión y esa pregunta me hizo un ruido en la cabeza muchos días y de ahí surgió esto:

Mi religión la encuentro en las personas
que me muestran el amor y la compasión,
yo los llamo ángeles.
Me di cuenta de esto cuando me sentí cobijada por una persona.
Cuando en la presencia de una persona desconocida,
encontré amor y compasión.
Quien te brinda una sonrisa sincera que le nace del corazón.
Quien te da de lo que tiene en su plato sin sentir asco.
Quien te muestra un detalle sin que tú lo esperes
y quien amablemente mira cada detalle
y está atento a las necesidades que tienes.
Los *á*ngeles de la tierra son mi religión,
la gente consciente,
la gente amable,
la gente bondadosa,
la gente humilde de corazón,
la gente sincera.
Si los hay, los he visto disfrazados de personas.
Los reconoces en la mirada,
los reconoces en la sonrisa,
los reconoces por su palabra.
Existen los *á*ngeles,

Existimos las personas que tocamos a otras como ángeles.

Hoy me ayudó un ángel.

Ayer tuve un ángel en mi camino.

Mi vida ha sido rodeada y bendecida por ángeles

que yo llamo también personas.

No me queda la menor duda de que en esta vida tomamos elecciones

y dentro de esas elecciones existe la divinidad humana.

Dios nos dio alas invisibles para venir a amar a otras personas

y en cada uno de nosotros hay un poco de él.

He tenido el valor de aventarme a conocer un país y una cultura diferentes a lo que toda mi vida conocí. He tenido relaciones diferentes, muy diferentes a las que en mi vida conocía.

Me he encontrado con personas acá que son familia y otras que no lo son, otras que lo fueron.

Lo más maravilloso de descubrir no ha sido el lugar tan hermoso que es este país. Lo más maravilloso ha sido navegar a través de distintas ideologías de las personas, conocer y tratar con mentalidades muy abiertas y que me han enseñado y regalado paz en mis días, que me han brindado todo lo que hay en su espacio.

También me topé con mentes muy cerradas que con su boca me ofrecen todo, pero en su corazón no tienen nada, nada que ofrecer. Solo ideologías antiguas arraigadas a sus tristes heridas del pasado.

También me sorprende encontrarme acá personas que en algún momento fueron parte de mi familia y que con esa nobleza que nos ha caracterizado, así nos recibimos nuevamente en nuestras vidas para darnos luz y amor en estos días de exploración de tierras lejanas, para reírnos de nuestro idioma tan ajeno al que aquí se pronuncia y echarnos una mano o una palabra de paz de esas que tranquilizan porque sabes que puedes confiar.

Hay también quien con sublimes palabras de aliento, aun a la distancia, me ha ayudado a buscar soluciones cuando me he estado ahogando en un vaso de agua.

Y están ellos en mis días, los que me dan el sube y baja de emociones y el pan de cada día, por quienes me levanto en las mañanas, mis hijos.

Aprendí que el viaje no es malo. Me enseñó a verme a mí misma, con mis heridas a flor de piel, a ver la vulnerabilidad que habita en mí.

Cuando me sentí estar abajo, no significa que caí. Significa que tenía que aprender a levantarme y eso es uno de mis mayores aprendizajes en esta etapa de mi vida.

Agradecer lo que a mi vida llega y se va, mostrárselo a los demás para que valoren también lo que no es tan bonito, pero nos deja los mayores aprendizajes de vida.

Aportar mis logros al mundo, pero mostrándoles cómo fue el camino y todo lo que tuve que pasar.

Y, sobre todo, mostrarte a ti que todos tememos obstáculos que superar, que muchas veces vas a tener que pintar una sonrisa en los labios, pero siendo consciente de que también hay lágrimas.

Que todos pueden ver la felicidad que vive en mí, pero aceptando que también hay tristezas.

Y esto es algo que también hay que ver y aceptar de nosotros mismos y de los demás. Lo mejor de todo es que aprendí a verlos así cuando yo realmente lo necesitaba.

En conexión

Fíjate de qué alimentas tu mente, porque de eso estará llena tu alma.

MIRNA

Abro mis ojos y estoy a finales de noviembre, con la luz de un nuevo amanecer a las seis y media de la mañana. Pienso: «Estoy aquí despertando, sintiendo, amando, respirando aire puro. Tengo tranquilidad, tengo salud, tengo todo lo que necesito para vivir».

En este momento, me encuentro conectando la pieza más importante de mi rompecabezas: la conexión de mi alma, mi cuerpo y mi ser. Creo que llorar de la nada, valorar la vida, aceptar mi soledad y ser consciente de lo que me pasa y reconocerlo son algunos de los pasos por los que he atravesado para llegar hasta encontrarme. Ahora no me veo aceptando menos de lo que yo misma me he esforzado tanto para encontrar.

Si vas a amar,
ama con cada centímetro de tu ser.
Si vas a besar,

besa las partes hermosas y también las frágiles;
son las que más te necesitan.
Si vas a tocar el cielo,
no te olvides que tus pies van sobre la tierra.
Si vives,
deja huella en cada palabra,
en cada tacto,
en cada rincón del mundo.
Y, lo más importante,
si vas a amar,
ama todos los días de tu vida.

Ama con el alma,
pues las palabras no aman.
Ama con la mirada,
pues la empatía nace de una mirada.
Ama sirviendo.
Ama llorando de alegría.
Ama de noche,
ama de día.
Porque el único lenguaje que me ha mostrado las mejores cosas
de la vida es el amor.
En el amor no existen reglas.
No existe condición.
En el amor no existe ningún parentesco,
no existe regla ni religión.
No ames con la boca,
ama con el corazón.

Después de descubrir que el amor es lo que yo misma estoy dispuesta a dar y hacer por mí y sentirme en este estado de amor, lo siguiente es mantenerme en conexión con el amor, porque amar es regar todos los días la plantita.

Aunque estuve un poco desorientada por tantos cambios que di en mi vida, mudarme a otro país fue un gran salto, mucha turbulencia en mi vida y en mis emociones, pero estoy aquí, sigo escribiendo, conectando conmigo misma, sigo cuidando mi conexión con el amor.

Cuídate, cariño; cuida tu ser; cuida tu energía; cuídate a ti. Comunícate, *á*mate, valórate.

Vinieron tantos cambios que me han hecho tambalear y, no te miento, sentirme a veces dudar de mí misma, pero entender que la vida son etapas por las que debemos pasar es lo que me alienta a seguir perseverando. Llegó mi tiempo de madurar y entender que buscar desesperadamente un camino siempre nos va a llevar a tomar el equivocado, así que es aquí donde empiezo a aterrizar nuevos aprendizajes y a sentirme y a reconocerme como un ser humano con aciertos y desaciertos en proceso de maduración. Eso me ayudó a seguir confiando en mí y en mi intuición. Y mi intuición me llevó a darme cuenta de quiénes eran mis cómplices en esta vida y solo así dejé de nadar a contracorriente y empecé a fluir con su cauce.

Pídele a la vida un cómplice.
Alguien que aparezca de la nada y no se asuste de tus heridas.
Quien te vea destruido y se arremangue
para sacarte de *un* mal día con su presencia
o las horas contadas.
Con quien puedas sentarte a contar parte de tu vida
sin desnudarte el cuerpo,
mientras que llevas vestida el alma con desilusiones.
Pídele a la vida un cómplice
que no tenga vergüenza de verte a cara lavada,
con las manos agrietadas o livianas de lujos.
Que puedas salir cualquier día de su mano y también de su vista,

que te busque con esa preocupación

que solo sienten los que tienen miedo de perderte

porque eres parte de sus planes y su felicidad.

Un cómplice cuando no haya ganas de hacer el amor.

Pero sentirlo en una caricia, un detalle, una palabra.

Que sepa distinguir esos instantes de soledad que se necesitan

cuando los recuerdos y las fechas no le tienen piedad al calendario.

Pídele a la vida un cómplice

con quien no puedas tener secretos tus sentimientos.

Que llegue la noche y te bese la frente,

te saque los miedos,

te meta en su presente.

Alguien capaz de entender cómo eres

porque no ha sido fácil cada mañana cuando despertaste

y te preguntaste una y otra vez

hasta dónde pueden llegar el dolor y las ausencias.

Un cómplice para reír y llorar.

Saber que puedes apoyarte cuando tus piernas tiemblan

y necesitas un abrazo más que cien palabras.

Con quien te despidas al cerrar los ojos y te sientas completamente seguro de que al abrirlos estará a tu lado, sabiendo que contigo nada será fácil, pero te acepta, te quiere y te elige día tras día.

(Fuente desconocida de la web)

Yo sé que tú sabes verme tal cual soy y esa energía es la que me llevó a escribirte:

Eres la persona que me ha hecho verme en mi oscuridad.

Eres quien encendió mi llama y la apagó.

Eres quien me mostró mis más bajas emociones

y me hizo verlas desde la luz.

Eres tan igual a mí y por eso al verte me vi,

me sentí y me descubrí.

Yo venía de un proceso y tú me empujaste a lo último

y nunca me cuestionaré por qué no te encontré antes,

era en este momento para este último empujón.

Debía encontrarte en mi camino para evolucionar,

para aprender de ti,

para empujarme a lo desconocido.

Eres tú la mujer perfecta,

la de la sonrisa bonita.

Eres así de maquillaje tenue y cabello ondulado.

Eres la mujer que no se impresiona por las medidas perfectas

porque tiene prioridades en su vida

y eso es lo que le hace tan perfecta.

Ella, la segura de sí misma,

la que conoce perfectamente los gustos de su pequeña familia.

Eres quien brinda confianza y comunicación a su relación de pareja.

Eres quien trabaja y atiende su casa a la vez.

Eres quien tiene claro lo que quiere y hacia dónde quiere ir.

Eres quien contagia de calidez humana.

Tienes algo que me hace querer estar cerca de ti.

*¿Será t*u energía, tu risa o que te siento tan sincera?

Ella es hermosa por dentro y fuera.

Ella simplemente es perfecta.

Todos somos viajeros en el tiempo. Viajamos a través de las personas para conocernos más y más y es ahí donde está el sentido de la vida, encontrar los placeres más grandes, los amores incontrolables, la paz y la calma la ira y el dolor, la sinceridad y la mentira. Todo lo que juzgamos de otras personas es nuestro propio reflejo.

No cabe duda de que cada persona que se cruza en nuestras vidas viene a darnos un regalo, un aprendizaje, unas veces bueno, otras no tanto. Yo los recibo ambos como un gran regalo.

Vienen a traernos paz o a robarnos la tranquilidad, yo decía.

En tan poco he aprendido tanto. He aprendido mucho sobre mi valor propio, he aprendido a sentirme amada, a sentirme libre en cada uno de los aspectos de mi vida, he aprendido a tomar mis propias decisiones aceptando las consecuencias que estas me traen con toda la madurez y responsabilidad.

Lo más importante, me descubro, me descubro y me encanta encontrar cosas nuevas en mí que antes no sabía.

> Hoy me di cuenta de que soy una gran mujer.
> Soy una mujer consciente, madura, respetuosa.
> Soy la mujer que puede ser feliz al lado de cualquier persona
> porque ya entendí que nadie, absolutamente nadie,
> tiene la responsabilidad de venir a hacerme feliz.
> Yo soy suficiente para mí misma y tengo momentos hermosos,
> tengo momentos tristes,
> tengo momentos de ira,
> tengo momentos tiernos
> y me descubro abrazando cada parte, cada uno de ellos.
> Me descubro siendo este grandioso ser humano que soy.

Fue así como calmé al monstruo que habita dentro de mí, porque todos tenemos un pequeño monstruillo merodeando por nuestra cabeza, intentando manipular mis pensamientos él pasaba.

Yo lo descubrí y empecé a domesticarlo, a domarlo como a un tigre poco a poco hasta que me di cuenta de que cuando somos conscientes podemos manejar hasta eso.

El monstruo a tu mirada.

La vida bajo mis lágrimas.

¿Qué escondes?

No dije nada. Quedé pasmada.

¿Son mis propias palabras?

Que no te carcoma el alma si te quedas callada,

que no te lleve el viento.

Por no ver lo que llevas dentro y no susurres

y no atesores lo que llevas en la garganta.

El monstruo no existe, era la sombra de tu reflejo, que tú

imaginabas.

¿Y el sudor ardiente del monstruo ese que me hace estremecer

y siento que quemaba?

Eran las gotas que emanaban de ti,

eran lágrimas.

Deja de ver al monstruo y construye tu hada.

Como la quieras hermosa, pero no tan callada.

Que grite, que vibre, que vuele alto.

Para eso se te dieron alas.

No eres ese monstruo:

eres lo que imagines para ti hoy.

¡Eres una hermosa hada!

Me preguntaron:

—¿Tienes treinta y dos?

—No, esos ya los viví. Tengo los que me quedan enfrente y los

voy a vivir y a disfrutar al máximo.

Son unas cuantas vueltas al sol.

Son mi infancia.

Son mi adolescencia.

Y ahora son mi juventud,

repletitas de sueños cumplidos.

No hay algo que no haya añorado que no haya yo realizado.
Gracias, gracias, gracias a mí porque soy y me siento tan fabulosa, exitosa, maravillosa, optimista, agradecida, bendecida
y enamorada de mí y de mis dos guapísimos Daniel y David.
No hay mayor regalo que verlos crecer.

Y todo esto me trajo hasta aquí, donde estoy ahora, con las personas que estoy ahora, tomando una copa de vino y viendo el atardecer.

Todo un camino de obstáculos, todo un viaje a través de tantas personas para llegar aquí y no me importa dónde estaré mañana. Me importa el camino que estoy labrando ahora para seguir escribiendo páginas y páginas dentro de este gran libro que se llama vida.

Espero que sigas aprendiendo. Espero que sigas soñando. Espero que te quedes con tu corazón lleno de ti, la niña, la adolescente, la jovencita y la mujer que tomadas de la mano están dispuestas a vivir en el ahora, haciendo lo mejor ahora.

Con amor,
Lupita Parra

Biografía del autor

Conócete a ti mismo y conocerás el universo y a los dioses.

Sócrates

Soy Mirna Guadalupe Parra Orosco. Nací en Armería, un pequeño pueblo en la costa de Colima (México), el 16 de noviembre de 1991. Bendecida por nacer rodeada de tres hermanas: Denise, Claudia, Glenda, y la dicha de tener a mis dos progenitores, Norma y Adolfo.

Viví en Armería toda mi infancia y adolescencia, estudié en la Escuela Santos Degollado T. M. y en la secundaria Antonio Barbosa Heldt T. M.

A la edad de doce años aproximadamente, cuando inicié a estudiar la secundaria, mis padres se divorciaron y quedé bajo la custodia legal de mi madre.

En mi etapa de la juventud, viví en Colima capital bajo el cuidado de mi hermana Glenda. En esta etapa de mi vida, estudié en el Bachillerato Técnico n.º 15 de la Universidad de Colima. Trabajaba y estudiaba.

Cuando terminé el bachillerato, mi hermana se fue del país y regresé a vivir con mi madre a Armería y empecé a estudiar el nivel superior en la Universidad de Colima, la licenciatura en Contabilidad Pública.

Mi gusto por los certámenes de belleza florecía desde la etapa de la adolescencia, así que participé en la secundaria en el año 2002, recibiendo el título de señorita elegancia.

En el bachillerato, participé para reina del estudiante en el año 2006, obteniendo el título también de señorita elegancia.

Participé para reina de la Feria de Armería el año 2010 y obtuve el título de reina.

Participé para reina de la Feria de Todos los Santos en Colima (Colima) y obtuve el título de señorita elegancia en el 2011.

Participé en un *casting* para representar al estado de Colima como Nuestra Belleza Colima a nivel nacional, obteniendo la dicha de ser elegida como la representante del estado de Colima en el año 2012.

Y, por último, participé en Nuestra Belleza México, que se dio lugar en el estado de Chiapas.

Contraje matrimonio en el año 2013.

Me gradué de la licenciatura de Contabilidad en el año 2014.

Me convertí en una dichosa mamá de dos niños maravillosos, Carlos Daniel y Carlos David, en el año 2017.

Me gradué con una certificación en *coaching* integral y empresarial en el año 2020.

Me divorcié en el 2021.

Estados Unidos de América en el año 2022.

Índice